小学館文庫プレジデントセレクト

築地めし

魚河岸のプロが教える
簡単でウマい魚料理

福地享子

小学館

はじめに

「ホレ、トンビだ。トンビの襲来だ」

これがヤマチャンの私へのオハヨウがわりだ。

「トンビはよ、空をグルングルン回って、餌見つけるとヒュッとおりてきて、かっさらってくじゃねえか。オメエときたら、まったくそれだもんな」

思わず笑っちゃうほどのヤマチャンの図星な指摘である。

「昔、場外には蔵トンビというのがおりましてね」

そう教えてくれたのは、水産ジャーナリストの長老だった。

「どこの蔵にはなにがある、あそこにはあれ、と知ってて、商機があればすかさずそれを仲介する。ブローカーというんですかな。蔵トンビと言ったもんです」

市場で蔵といえば倉庫。そこに貯蔵してある塩ザケや佃煮ほかもろもろを仕入れては売り、その利ざやで稼ぐのが蔵トンビ。だれがなにを欲しいのか、どこにあるのか。こまめな情報収集と人脈づくり、目端がきいてこそできる商売だ。

私はトンビでも、そんな高等なもんじゃない。ヤマチャンのおかずが目当てのケチなトンビだ。

築地市場のなか、ちょっと注意して歩けば、あちこちで魚をおろす光景に出くわす。マグロのような大物はべつとして、小物でいえばひところ前まではアナゴやコハダぐらいだったが、今ではなんでもおろす。注文によってはフライ用のアジだって。豊洲の新市場建設のプランでは、さらに増えるであろうこうした作業のため、加工施設の導入は不可欠、とされているほどだ。

ヤマチャンは、その魚おろしのベテラン。フグの免許を持つほどに包丁遣いもうまいが、それにも増して感心するのは、魚の扱い。ヤマチャンの手にかかると、頭、皮、内臓と、生ゴミとなるようなものも、みごとおかずになってしまう。

たとえば、ヒラメの頭は昆布をおごっただしをつくり、豆腐といっしょの鍋に。

タラの頭は、ぶつ切りにして塩をして一晩置き、さっとゆでこぼし、ねぎと合わせてみそ仕立ての汁に。

ついでにタラの胃袋は、開いてぬめりを包丁でしごき落とす。大食漢らしい分厚い皮がとれるが、これを熱湯でゆでて細切りにする。ポン酢しょうゆをつけて、口に入れるとコリコリッとした食感がよく、しみじみとした酒の肴になる。

カツオやブリ、ヒラメなどの骨からとった中落ちは、づけによし、つみれによし。マグロの脳天ならぬブリのそれもなかなかのもの。筋ばっているので、レア気味に焼いて、おろししょうゆと七味唐辛子で。

マダイの皮は、さっと炙って山椒をふって。

河岸引け近く、ヤマチャンとこに顔を出すと、なにがしか、おかずにできそうな捨てモノがまな板の脇に転がっている。

「捨てる前によ、なんかこれ食えるんじゃないかって。今晩の酒のアテにできないかってよ」と、それを大きな出刃でぶったたいたり、刻んだり。

「エコだって？　また、わけのわかんねぇこと、言う。つくってうまきゃ、いいんだよ。おもしれえじゃねえか」

そうそう、エコだなんて言ってつくって、なにが楽しいものか。それよか、ひとが見向きもせぬもので料理して、どんなもんじゃ、と反り身になる快感。それが包丁を持つ手をはずませるのである。

ま、神妙に手元でも見ていれば、そのうちこぼれる「食ってみるか」のひとこと。それを聞くまで、テコでも動かないのがおかずトンビの技といえば技でして。

まぐろ

旬ばなし

目次

夏

秋

冬

春

※この本のレシピは、すべて築地の仲卸が自宅で実際につくっているものを披露してもらいました。仲卸の料理は細かな分量よりも、魚に合わせ、勘と手際のよさで旨さを最大限に引き出すのが信条。したがって、出来上がりの量や材料の細かい分量などはあえて記載していません。ただ、どれも簡単で素晴らしくおいしい料理ばかり。みなさんも勘を信じてぜひチャレンジしてみてください！

第一章 夏

遠い昔の調理法、焼き南蛮で知るアジの底力

「潮の流れが変われば、魚の種類も変わる」

「風が強く吹いた明くる日は、魚が少ない」

河岸には、おおまかな入荷を予測するのに、季節や天候と相談しながらの表現がいくつかある。

入梅を迎えると、こんなことをよく言う。

「梅雨の水を吸って、魚はうまくなる」

たんと雨が降る。水量を増した川が海へ流れ込み、プランクトンが増える。それをミジンコみたいな小動物が食べ、今度は小魚がそれを狙い……。梅雨どきの海は、魚たちにとってはごちそうの場。冬ごもりも、春の産卵期も過ぎ、せいぜい大きく太る時期なのだ。

そんな季節の道理を、くだくだとした説明はポンと跳び越え、「梅雨の水を吸ってうまくなる」と。

たしかにこの季節、圧倒的に小魚がよくなる。泥場からはいだしてきたアナゴ。キ

ス色つやがよくなり、磯魚を代表するイサキには「入梅イサキ」、イワシには「入梅イワシ」といった別称すらある。

なかでも、といいたいのがマアジ。つまりアジ。

広く親しまれているために、入荷が途切れることはないが、冬場ときたら、「まるでトビウオ」と憎まれ口のひとつもたたきたくなるスマートさ。それが梅雨に入るころから、ググンとよくなってくる。目に見えて、まあるくふっくら肉厚に。

江戸時代もアジは好まれたらしい。

「中ふくらのアジ、賞玩《しょうがん》すべし」と、当時の料理書には目利きのほどが書いてある。ふくら、とは、ふっくらという意味。まさに、梅雨に入ったアジの姿である。

さらに目を利かす、となると。

市場にならぶそれはピンからキリまでいろいろだ。

ピンをとれば、「黄アジ」で「釣り」。

アジは、生態系からいってふたつに分けられる。回遊する「黒アジ系統」と回遊しない「黄アジ系統」に。黒アジは、黒っぽく精悍。なにしろ大海を回遊しているのだから。いっぽう黄アジは、ゼイゴを中心に黄色っぽく、黄金アジとも呼ばれている。

湾内でおっとり育つために、脂ものって、旨いとされる。

「釣り」で揚がったこともポイントが高い。群れで動くアジは、一般的には巻き網で獲る。大きな網で一網打尽。網のなかでは押し合いへし合い、身はいたむしストレスだってたまる。このストレスも、味に微妙な影響をあたえるそうな。釣りには、そうしたダメージはない。

とはいえ、梅雨から夏いっぱいにかけては全体的にレベルアップしており、そんな蘊蓄《うんちく》も影が薄い。

夏の勢いづいた青じそをたっぷり添えてたたきに。味噌と合わせたら、房州名物なめろう。塩と酢で〆たら、イタリア風マリネ。

もうひとつ、アジといえば南蛮漬けだろうか。私は、油を使わない焼き南蛮をつくることが多い。

祖母の家の台所にデンと居すわっていた水屋に、大鉢に入って、夏には欠かせない味だったように記憶している。その味を思い出すとき、すっと涼風が吹いた気分になるのは、南蛮酢のなせるわざだろうか。

南蛮酢に小魚を漬け込むことは、ずいぶん昔からあったようだ。元禄2年の料理書に、その配合が記してあった。酢3・古酒2・塩1。酒ではなく、古酒、ということで、ピンときた。ちょっと酸っぱくなった酒を、白ワインとして代用したのではないか。異国のマリネを真似て。だから南蛮漬け。塩が醤油に変わったのは、醤油が手に入りやすくなったずっと後のことだ。

アジはこぶり。焦げ目がつくぐらいしっかり焼く。焦げ味もおいしさのうち。ついでだから、ミニトマトやししとう、夏野菜のいろいろも。焼いたはしから、南蛮酢にジュッと漬けこむ。ただそれだけ。

食べどきは数時間後。さっぱりしていくらでも食べられる。おもしろいことに、ついでのはずの野菜に、アジの旨味が移って妙においしい。アジの底力ってものだ。

江戸前天ぷら育ての親は、東京湾の小魚

店頭にキスとメゴチ、江戸前天ぷらの伝統的なタネが仲良く並んだ。

キスの色はサンドベージュ。きれいな砂地を好み、その色は保護色に過ぎないが、お洒落心をくすぐるような微妙な色調だ。

メゴチという魚は、標準和名がネズミゴチ。褐色で全体にヌルヌルしており、体長は尾っぽの先まで入れると18センチ前後。手の平にとって顔をしげしげ眺めれば、ネ

ズミに似てなくもない。気の毒な和名もうなずける小魚だが、ひとたび天ぷらにすれば、ホロホロした白身のおいしいことったらない。

こうした天ダネを買うのは、もちろん天ぷらや和食の料理人さんたちだが、ときには……。

ホラ、今朝はイタリアンのシェフ。

「フリットにしたいんだけど」

さし示したのはメゴチである。

「できるだけ小さいやつ、選んでよ」

天ぷら屋さんならぜったい避ける極小サイズのご指定だ。通常、メゴチは腹から頭にかけて思い切りよく落とし、尾の部分でふた身が繋がるようにおろす。揚げると松葉の形になる。これがメゴチ常道のおろし方で、ほどほどの大きさが必要なのだ。不思議に思う私の胸のうちを、シェフは察したらしい。

「頭付き、丸ごとカリッと揚げるからね」

なるほど、イタリア的手法はそうきたか。

天ぷらは、16世紀の南蛮交易がもたらしたとされている。語源は諸説あれど、ポルトガル語で調理を意味するｔｅｍｐｅｒｏ（テンペロ）、キリスト教の金曜日の祭り

ｔｅｍｐｏｒａｓ（テンポラ）から、という説が有力だ。要するに、クリスチャンであるかの国のひとにとって金曜日は獣肉を避け、魚を食べる日。南蛮船の寄港地、長崎にやってきた彼らは、土地の魚をお国の「揚げる」という調理法で食べた。それが始まりってわけだ。

そして幾星霜、天ぷらは、ましてメゴチの天ぷらなんて、江戸前独自のものと思っていたのに、今朝はまた海の向こうの手法を教えられた。ルーツのころをあれこれ想像し、なにやら心がはずむ。

長崎に上陸した天ぷらは、初手はグルメな富裕層のものだったが、19世紀前後には江戸で屋台というツールを得て大ブレイクする。立ち食い用にぴったりの串揚げスタイルで、せっかちな江戸っ子に似合いのファストフードとなった。

こうした天ぷら流行の背景には、油の普及もあった。

しかしなにより江戸では天ぷらにかっこうの小魚がたくさん獲れたのである。

江戸前伝統の天ダネを築地市場で探してみよう。東京湾奥で獲れるメソと呼ばれる小さなアナゴ。千葉県竹岡のクルマエビ。キスもやはり竹岡からやってくる。秋口にはハゼ。江戸前の稚アユやシラウオは姿を消したが、かつて稚アユは多摩川で、シラウオは隅田川で獲れていた。

そうそうギンポもまた、江戸前伝統のタネ。今や幻に近い存在だが、桜が咲く時期から梅雨入りまでの短い間「泳ぎ」で入荷する。死ぬと身が硬くなるので、活けで流通しているのだ。褐色の迷彩模様で、ちょっと見は、小さなウツボといったところだが、これまた天ぷらにすれば無類の味。通、垂涎の天ダネとなる。

「ギンポは、昔は海苔のヒビを取ったあとに獲れた」と、築地市場の天ダネ専門のご主人に聞いた。ヒビとは、海苔養殖のために干潟に立てる竹や小枝のことである。かつての東京湾はヒビが立つ海で海苔の収穫を終えた桜の時期、ヒビを抜けば、その下にいくらでもヒラヒラ泳いでいたのがギンポだった。

季節になれば湧くように獲れた小魚。それを上手に利用して、美味に高めたのが天ぷらである。ここにも江戸の知恵が隠れていた。

悪魔の化身ともされるタコ。しかし、本当の悪魔は……

半夏生。ハンゲショウと読む。夏至から数えて11日目とやらで、7月2日頃がその日にあたる。関西では、ハンゲダコともいって、その日、タコを食べる風習があるそうな。タコの足のようにしっかり大地に稲が根づくようにと、稲作農家の願いをこめて始まったという。ちょうど、瀬戸内海はタコの旬、田植えも終わってホッと一息、タコを囲んで一杯やってみたくもなりまんがな（エート、この関西弁、あってますやろか）。

関西のタコで思い出すのは、ある夏に訪ねた神戸市場。名産明石ダコの産地とあって、じゅうたんのようにタコで埋め尽くされていた。築地市場で明石ダコの取り扱いは少ないから、あのじゅうたんダコ、ほとんど地元消費なんでしょうね。

総務省の家計調査（２００８年）によると、都道府県別タコの消費量は、１位が香川県、２位が兵庫県、以下大阪府、愛媛県と続く。半夏生ならずとも、瀬戸内海を囲む地は、まっことタコをよく食べるようだ。

築地市場には、半夏生の盛り上がりこそないが、活けのマダコの入荷量が増え、食べるにはまたとない季節である。

なんておっとり説明してみたが、実はタコの身体能力たるやすさまじいものがあり、ゆでるとなると……。

活けのマダコは網の袋に入っているが、出したとたん、足をくねくね。吸盤でどこぞに張りついたら、金輪際、テコでも動かぬといったあんばいだ。

やっとこさ、つかまえたと思えば、腕に巻きついてくる。ググッと締めつけてくる。

それだけならまだいい。タコのヌメヌメはかゆみの素。タコ君をほっぽり出して、腕を水でゴシゴシ洗う。ちっとも前に進みゃしない。

昇天させるまでのひと騒動ののち、今度はぬめりを落とすために塩でもむ。もむ……、なんて生半可なものじゃないな、これは。力を入れてしごく。いたぶってるといえるかも。そのぐらいしなきゃ、かの身体能力高きタコには効き目がない。

そして、たたく。筋肉繊維をたたくことで切断し、ほどほどの柔らかさを得るためだ。本来ならタオルをかぶせ、すりこぎでたたくところだが、河岸でこの作業をやるおりは、ビニール袋に入れて、頑丈な台に打ちつける。思いっきりバシリバシリと。店の裏でこれをやっていると帳場のネエサンが言うではないか。

「殺生って言葉、フクチさんのためにあるようなものね」

そんな戯言《ざれごと》、聞く耳持たぬふりして、なおもバシリバシリ。無我の境地ってやつですね。

そして、大鍋でゆでる。グラグラッと煮え立つ湯に、足をチョンチョンとつける。足先がクルリ丸まったら、頭までグイッと沈める。

以上が、ゆでダコの全工程である。

さて本日のゆで加減は、とざっくり切ったタコ足を噛みしめながら、ふっと思うことがある。欧米ではタコを悪魔の化身のようにいう。だが、逆じゃないかと。塩でいたぶり、たたきのめし、熱湯に押し込む荒療治。私のように心優しき者は、悪魔にでも心を売り渡さなければできない。人が悪魔に変わるのである。

ひいき目？　アナゴスッピン勝負は東京湾の勝ち

「どうだ、ツラからして江戸前は違うだろ」

河岸にきたばかりのころ、番頭さんがアナゴを割《さ》きながら、よく言っていた。

アナゴは河岸で割いて納めることもあり、番頭さんのその仕事を飽きることなく眺めたものだ。まだニョロリ蠢《うごめ》くヤツのアゴあたりを目打ちでまな板に固定し、背から庖丁を入れて開き、内臓をすきとり、骨をはずすまでが河岸での仕事。番頭さんは癖なのか、首を右に少し傾け、手にすっぽり入るほど小さな出刃を握り、出刃の動きに合わせて上半身を流れるように揺らす。優雅と形容したくなるほどのその動きは、生き物を殺生するといった残酷さを、はるかに超越していた。

不思議なことに、江戸前アナゴというヤツは、割いてしばらくおくと、皮の色に黒

い照りが出てくる。まるで水で濡らした漆の黒椀のように。これも番頭さんの自慢で

「皮の色からして、きれいだよな」と。

あれから10年。仕事で子安や小柴のアナゴ漁師さんに会う機会がふえ、江戸前アナゴがどこまで旨いのか、試してみたくなった。

対抗馬は、常磐、対馬、韓国産。いずれも河岸で広く流通しているものだ。一対一の対決とし、勝負内容はあくまでスッピン、つまり割いたものをゆでるだけ。中火で10分ほどゆでたら引き上げ、口に入れる。山葵もつけぬ、醤油もなし。一日一勝負、慎重をきしての再対決も含めての2週間。梅雨の時期で、匂いが台所にこもり、夫のうんざり顔には手を焼いたけど。

結果はというと、スッピン勝負は手厳しかった。これほどまでに差がつくとは。江戸前の大勝利。ふっくら柔らかで、トロリと口に広がり、ウマミの余韻もみごと。おいしいと思っていた常磐産ですら、「アレ、どうした」である。もっとも常磐産が本調子となるのは秋口に入ってで、時期的には、はなはだ不本意だったろうけど。

調子にのって江戸前頂上対決もやってみた。神奈川県側、千葉県側の産で比べると、神奈川県側のモノが僅差ながら、脂がのっている。

「千葉産のアナゴは、天ぷらにいい」と、河岸でよくいうが、なるほどである。

節分が過ぎると、シラウオに似たアナゴの稚魚ノレソレが河岸に入荷する。そのころ、東京湾にもノレソレが南の海から泳ぎつく。産卵場所は琉球列島付近とされるが、実態はよくわかっていない。ともかくも東京湾の海底で、彼らは貪欲に餌を食べ込み、成長する。アナゴの顔は、丸い目のおどけ顔だが、口には鋸《のこぎり》のような鋭い歯がならび、甲殻類にイカに小魚になんでもござれのどえらい肉食魚。これがウマサの秘密である。

「東京湾は、餌がいい」

お目にかかった江戸前アナゴ漁師さん、すべてが口にした。荒廃が心配される東京湾だが、餌はあるらしい。

しかし、やっぱり……である。

ある日、子安の漁師さんとこへ行ったら、なにやら憂かぬ顔。

「先週は、250キロも揚がったのに、今日は4尾だよ」

そりゃまたどうして？

「酸欠のとこに仕掛け、かけたらしい」

夏の東京湾の海底には、エアポケットのように貧酸素塊が生じる。魚を死へ招く地獄、の淵である。アナゴは、けなげにも賢くも、そこをよけて暮らしているのだ。

その仕掛けとやらは、直径15センチほど、長さ70センチばかりの筒状のもの。餌にイワシやイカを入れ、漏斗《じょうご》状のゴムの蓋をする。そして海に沈める。餌につられてこの筒に入ると、もはやアナゴは出られない。ま、人間さまのほうがやっぱり知恵はあるってもんで。

搭載する筒の数は1船あたり100本ほど。大量の筒を東京湾に放り込むので、他の漁がないとき、つまり出漁できるのは週2回。漁自体は年間通してだが、ハイシーズンは夏となる。

シンコの始まりは、すし屋の新学期です

梅雨に入り、シンコの入荷が始まった。

「シンコの始まりは、すし屋の新学期」と、あるすし屋さん。

シンコはコノシロの稚魚。初入荷のおりは、それこそ体長3～4センチほど。庖丁を入れるのさえ難儀する小ささである。しかし成長はめざましく、すし屋さんや河岸では、大きくなるにつけ、コハダ、ナカズミ、コノシロと呼びわけている。もっともコノシロはすしにはまず使わないので、扱う者にとっては、「コハダ」というのが中

心となる名前である。

夏に始まるシンコも秋にはコハダに成長、冬から年明けにかけては、さらにコハダに脂がのり、晩春ともなれば体長15センチほどにもなったナカズミでしのぎ、シンコを心待ちにする、というのがおおまかなサイクルだ。

この間、1年。私ですら、やれ大きくなった、脂がのってきたと、おりおりの感慨に誘われるが、実際に仕事するすし屋さんとなれば、その思いはどんなであろう。

新学期――。なるほど言い得て妙である。

コハダは江戸前すし、伝統のタネである。

江戸前のすしが誕生したのは、1820年代、文政年間といわれる。背景を支えたのは江戸前の海。当時の江戸前の海というと、深川から品川までの小さな海域をいったが、隅田川など大きな川が流れ込み、小魚の好む洲が広がり、コハダはいくらでも湧いた。焼いてもいいが、酢で締めるとなんたって旨い、おまけに安い。屋台という小商いで発展をみたすしにとって、コハダが欠かせないタネになったのは、当然のことだろう。

今もコハダはなくてはならないタネ。稀に売り切れにでもなると、すし屋さんの顔色が変わる。

「エーッ、カンベンしてくれよぉ、すし屋にコハダがなくってどうすんだよ」

伝統は脈々と続いている。

しかし、実は昔と今、まったく同じではない。

かつてはシンコなぞ、鮮度落ちが早く、商売の対象にはなりえなかった。シンコが騒がれるようになったのは戦後のこと。それも東京湾のものに限ってだから、市場の店頭に並ぶのはお盆を過ぎたほんの2〜3週間のことだった。今では、産地を追いかけ、シーズンは3カ月は続く。

コハダについては、長期間保存ができるタネという傾向が強く、塩も酢もしっかりきかせたものだ。しかし、さまざまな産地、東京湾はもとより、佐賀県や熊本県、愛知県といった主産地に加え、石川県、秋田県や宮城県までも新産地として登場した今、保存性など考える必要はまったくなくなった。

しかしコハダの変わりようなぞ、蚊のクシャミほどの現象だろう。なにしろ、すし全体、大きく変化した。

たとえばすしダネのバリエーション。

江戸時代の終わり、当時のさまざまな風俗を書き残した喜田川守貞が、すしダネについても言及している。

〔マグロ、刺し身、アナゴ、コハダ、シラウオ、カスゴ、クルマエビ、のり巻き、卵焼き〕がそのすべてである。

お好みの場合、2カンつけるという習慣は、タネの種類が少なくて、お腹をいっぱいにできなかったから、という説がある。今は、1カンずつでも食べきれない。それどころか新たなタネの探究は、絶えることがない。イワシが獲れなくなったと思ったら、生ニシンが台頭。カラスミ用のボラの卵巣の入荷が盛んになったと思ったら、なんと生っぽいカラスミが人気の座を狙っている。

屋台からカウンター、さらには回転ずしへ。高級すしの代名詞だった床店のお持ち帰りずしは、軽便なテイクアウトスタイルに。

すしの昔と今、なにをとっても同じではない。しかし、変貌しながらも、伝統というイメージにゆるぎはない。そこに、時代にあらがうことなく生きてきたしたたかさが感じられる。すしの未来を食べたいものだ。

赤ちゃんスミイカの晴れ舞台

魚でも野菜でも、大きいほうに手をのばす。これ、人間の本能。でも、そんな道理なぞ、どこふく風の魚がいる。たとえばシンコ。メダカサイズの初値、キロ10万円近くでみなさまの度胆を抜いてみせる。

このシンコに続いて登場する不条理のイカがいる。スミイカの赤ちゃんイカである。親よりも赤ちゃん時代のほうがずっとお高いのだ。スミイカの赤ちゃんが出回る少し前、スルメイカの赤ちゃんがムギイカの名で登場するが、こちらは親にくらべるとはるかに安い。基本的にイカも大きいほうが喜ばれるが、ことスミイカに限っては逆なのだ。

そもそも生まれたばかり、すべからくはシンコ（新子）なのだが、まぎらわしさを避け、スミイカの場合は新イカと呼んでいる。成長すると、甲の大きさで手のひら大になるが、赤ちゃん時代の初値のお値段ときたら、キロ万単位だ。

このチビスケが喜ばれる話があまり知られていないのは、寿司の世界に限ってのことだからだろう。

「オヤ、新イカかい。ああ、秋だねえ」

などと寿司屋のカウンターで、そんなつぶやきがこぼれる。

寿司に握れば、胴のとこ1枚で1カンの新イカ。イカ特有のねっとりした甘さには欠けるが、初々しさのある歯触りが初秋のさわやかな気配を感じさせる。

と、まあこんな感じかしら。

遠方からやってくるヤリイカにシロイカにアオリイカ、いろんなイカを握る今と違い、一昔前、寿司のイカといえば、東京湾のスミイカだった。

東京湾で新イカが獲れるのは初秋。やがて凍てつく寒さを迎えると、身はむっくり厚く、甘みが増してくる。季節の移ろいとともに変化する味わい。新イカは、イカのシーズン始まりを告げる晴れがましい役どころにあったのだ。

今、新イカの始まりは、7月。熊本県や鹿児島県からの入荷で早まり、東京湾だけ、というかつての姿は消えた。しかし、新イカの役どころは失われていない。伝えていく寿司力の偉大さよ。ホーラ、不条理ったら下向いちゃってる。

恋にもよくきくとかの、大江戸・蒲焼ばなし

河岸には川魚が専門の店もある。水槽にヒラヒラ泳ぐアユ、樽のなかで蠢《うごめ》くドジョウ、首をすくめてじっと丸くなっているスッポンと、もう興味津々だ。

なかでも長居してしまうのは、ウナギの店。ことにウナギを割《さ》く様子は見飽きない。アナゴを割いた経験はあるが、同じ長物ニュルニュルとはいえウナギの割き方はむずかしそうだ。目打ちで頭を固定し、背から割いていくプロセスは同じだが、なんといっても庖丁が違う。アナゴはこぶりの出刃を使うが、ウナギ用のそれは菜切り庖丁の先を鋭く尖らしたような刃を持つ独特のもので、いかにも職人っぽい。「割き3年」とよくいうが、手慣れたひとにかかるとまるで手に庖丁がくっついているかのよう。シャーッという音とともに気持ちいいほどスクッと割けていく。

天然ウナギに出会えるのもこんなおりである。中国、台湾からの輸入も含め、国内のウナギ総供給量のうち99・5パーセントまでが養殖という世界。それでも河岸には、東京なら荒川や江戸川のものが入荷しているし、宍道湖や天草、琵琶湖などの天然ものもまれに見かける。

銀座の「ひら井」という店で、天草の天然ウナギを食べたことがある。養殖と天然、魚は一般に養殖のほうが脂がのっているが、ことウナギに関しては、天然も脂がコッテリ。ただし、サラッとして後口がとてもいい。

週の中日は暇なので、ウナギ屋さんで職人仕事を覗いたりもできるが、それも7月に入って土用の丑の日の声を聞くと、近寄るのも遠慮するほど。土用を丑の日としたのは、江戸の発明家平賀源内だとか、いや狂歌師の大田蜀山人だとかいわれているが、その日前後ときたら殺気だつ慌ただしさだ。周囲が店仕舞いして暗くなった河岸のなか、いつまでも明かりが消えない。

そんな様子を見て、つくづく思う。日本人て、ホントにウナギ好きなんだと。『万葉集』にもウナギは出てくるから、古来からの血筋がなせるというのでしょうか。

しかしながら、圧倒的人気を誇ったのは江戸時代後半だろう。この時代、江戸前と名乗る食べ物が登場するが、すしや天ぷらよりもいち早くその栄誉に輝いたのはウナギである。当時は、今に劣らぬグルメの時代。多くのひとがウナギについて書き残してもいる。

そんななか、驚いたのは為永春水の小説『春色梅児誉美《しゅんしょくうめごよみ》』。ストーリーは、優男《やさおとこ》の丹次郎を巡って、辰巳芸者の米八と町娘お長の恋のさや当てってとこだが、丹次郎が久しぶりに会ったお長に「ま、飯でも食おうよ」と誘うのが深川のウナギ屋である。

座敷に通されての蒲焼シーンは細やかで、お長に蒲焼のしっぽのほうをすすめる丹次郎。モテ男たるゆえんをさりげなく描いているわけで、ウナギはしっぽのほうが断然旨い。こういう気配りできる男に、女は弱いのよね。そしてシメは、ウナ茶ときた。年のいったカップルと思うのは早合点で、ふたりはまだ二十歳もいかない、私からみたら子供。それが蒲焼つっつきながら、「兄さん、どうぞこれからも可愛がっておくんなはいよ」と言えば「知れたことよ」だって。どこでなにを食べながら恋を語り合おうと勝手だけど、若いふたりが蒲焼でねぇ……。あぁ、解せない。

しかし、これも今の感覚だからこそ。同時代の作家、式亭三馬の書いた『浮世風呂』では、お湯につかりながら、上方と江戸の女が土地の味自慢を競い合う。蒲焼の段になると、口角泡を飛ばす勢い、一歩も譲らぬ。浮世風呂は、庶民の姿をいきいきと描いた小説だが、そこに蒲焼は欠かせぬアイテムだったことがわかる。

ウナギは江戸のひとにとって、老若男女を問わずの好物。おいしいうえに、ビタミンA、お肌の老化を防ぐビタミンE、血液サラサラ効果のあるDHAにEPAと栄養豊富。そして……、ハテ、恋にもきいてたのかしらん。

ウニ界の丼……いや、〝ドン〟は語る

私のまわりには、「生き字引」がたくさんいる。ウニなら仲卸「マルツ尾清」の靭《うつぼ》江《え》貞一《ていいち》さん。靭江さんの語る生ウニの歴史は、ヤッカイモノのサクセスストーリーだ。

今から半世紀ほど前、１９６０年前後のこと——。「生ウニを扱わないか」と、築地市場に北海道函館のウニ加工業者さんから打診があった。ウニは昆布を食べて成長するが、北海道では、その旺盛な食欲に手を焼いていた。塩ウニとして加工してはいたが、それも限りがある。このままでは昆布がやられてしまう。そこで、手間のかからない生ウニでの出荷を思いついた。昆布のために駆除して余りあるウニ、それが発端だった。

木製の小箱にきれいに並べるスタイルは、ほどなく築地と北海道との連携プレーで生まれた。それを運んだのは元国鉄マン。国鉄（現ＪＲ）を退職した方たちが、小箱を詰めた背負子《しょいこ》をかつぎ、夜行列車で運んできた。早朝、築地着。量は知れており、台に並べて相対での売買である。高校を出て、仲卸に入ったばかりの靭江さんも、台を囲むひとりとなった。動く金額も少なく、未知数の商品である。新人を起用しても

問題なし――。要するにその程度の商品だったのだ。

今、生ウニの立ち位置は激変した。相対売買からセリに。入荷すると、まずは市場の奥、厚い扉で外界と遮断した一室に運ばれる。室温は4～7度。老朽化した築地市場では、VIP待遇である。生ウニを盛り上げた小箱の行列が連なるなか、最前列で誇らしげなのは、「羽立《はだて》」「橘」「東沢」などのトップブランドだ。ここ数年、ブランド熱と中国マネーの参入で、こうしたトップブランドは、ひと箱数万円という値がつく。「スプーン1杯いくら」と、ゲスな計算してる私ごときには、ついていけない世界となっている。

ヤッカイモノから海の宝石へ。ウニの売買を通じてその変遷を見てきた靭江さん、「感慨深い」などとしみじみ言うのを聞きたい気もするが、まだそんなお年ではないようでして。

江戸前という言葉たずねて、魚とともに時空散歩

築地市場で働き始めたころ、「江戸前」という言葉が、とても新鮮だった。

「やっぱいいよ、江戸前のアナゴは。どうだい、ツラからして違うねぇ」

年配の番頭さんが、なれた手つきでアナゴを割きながら言えば、茶髪の若い衆の口からも、あれこれ江戸前自慢が飛び出してくるのである。

東京に長いこと住みながら、海があることを感覚的に持てなかった私に、東京湾の魚が江戸前という名のもと、王様顔で並んでいることは、驚きだった。

今では門前の小僧よろしく、江戸前ものが入荷すれば、さかんにすすめている私だが、いっぽうで、ハテ江戸前とはなんぞや？　という疑問が頭から離れない。

おもしろいことに、江戸前のキャッチフレーズで、まず売り出したのはウナギだった。宝暦から天明年間（1751〜1789）にかけて蒲焼人気が高まるが、看板がわりの行灯《あんどん》に「江戸前蒲焼」と記すのは常套手段。店の主人が「うちのは旅ウナギじゃござんせん。江戸前で」と自慢すれば、客は客で「旅は好きだが、ウナギはべつ」と通ぶったり……。

よそで獲れたもの、すなわち「旅もの」。そんなもん、ヘッてなもんで、江戸前への思い入れたるや、そうとうなものだったらしい。

この宝暦から天明、江戸も後半に入ろうとする時代、「江戸前」という言葉が浮上したのは、それなりのことだった、と思う。

江戸時代に入って、まず花開いたのは、元禄文化だった。しかし、その発信地は上方であり、新興都市の江戸は、衣食住すべてにおいて頭があがらなかった。

しかし、時代が下るにつれ、江戸は天下人の町としての力も増してくる。ひとも金も流れ込んでくる。さぁ、こうなると文化の中心も、江戸へとシフトしていく。

宝暦から天明は、そんなイケイケムードの時代。同時代の超人気作家、山東京伝は書いた。

「金の鯱《しゃちほこ》（江戸城の天守閣）にらんで、水道の水（玉川水道）で産湯をつかい、吉原本多（イケメン風ヘア）に髷《まげ》を結い、本町通りの角屋敷を売ってでも、吉原でお大尽遊び」。

と、まあ、宵越しの銭は持たねぇ、気っぷのいいアニィとやらの江戸っ子像オリジナル版を、天下に示してみせたのだった。

「江戸前」という言葉は、そんな時代だからこそ、ひとがソレッとばかり飛びついた。新興都市だった江戸が上方コンプレックスから抜け出し、地方の寄せ集め住民が江戸を故郷として自覚し、自慢さえできるようになった時代のキーワード、それが「江戸前」という言葉だ、と思うのだ。

江戸前という言葉は、よほど気分に合ったのだろう。その後、ウナギだけでなく、「江戸前小魚」にまで広がる。ものごとをランク付けしたがるのは江戸時代も同じで、江戸自慢番付に、「江戸前小魚」もちゃんと顔を覗かせている。

さて、ここらで今の築地に戻って、私めの江戸前自慢をちょっと。

春はマコガレイ。江戸前モノは、こぶりながら、ともかく身が厚くって味がいい。夏は、やはりアナゴだろうか。そして、金谷の黄金アジ。羽田沖で獲れたコチ。東京湾の入口、竹岡に揚がるスズキ。そしてシンコにコハダ。

秋に入れば、だんぜんサバ。鮮度はいいし、コロッとした魚体で味も香りも申し分ない。

ほかにキスやサヨリ、カマス、スミイカ、アサリにミル貝、マダコに……。

江戸っ子が自慢したころに比べると、東京湾の魚種も量も、たしかに激減している。しかし、東京湾は今もきちんと機能しているのだ。願わくば、もっともっと自慢できる日が再びやってきてほしいのだが。

花火大会の大アワビ。花火は遠きにありてこそ
「アレッ、お早いお帰りで」

「間に合わねぇんだよ、仕込みが。花火大会だろ。出前、いっぱい受けちゃって」

「アラ、いいじゃないですか」

「よかないよ。カアチャンとやってるすし屋が出前受けたらてんてこ舞い。だけど10年来の客だからよ。すしとって、仲間で花火見物ってとこかね。うらやましいよ」

愚痴なぞ言って、そそくさ帰っていった浅草のすし屋の親方。でも、見送った背は、なんだかウキウキしてた。

今年も花火大会があちこちで催される。都心で花火大会がある日は、休み前ということもあろうけど、売り上げもなんとなくいい。

「今日、東京湾の花火だろ。朝から、もう場所とりしてるヤツ、いたぜ」

とかなんとか、花火の噂で店の空気もなごやか。その日だけは花火という言葉を巡り、陽気に染まっていく。

……と感じるのも、だいたいにおいて、花火大会のころというのは、ロクでもない

日が多いのだ。

夏休みに入り、世間さまは遠くにお出かけなのか、売り上げは今ひとつ。おまけに台風のシーズンである。ひとたびやってくれば、浜での漁はストップ。昨日まであふれるようにあった魚が姿を消し、あっても値がピンと跳ね上がる。予定通りに魚が集められなかった仕入れ担当はピリピリ。前日からの電話やファックス注文への事情説明の対応にもおおわらわ。店は、険悪なムードが漂う。

台風一過。「さぁ、売るぞ」と腕まくりするが、お客さまから返ってくる言葉は「あの天気じゃねぇ。付き合い程度に買わしてもらうよ」と湿っぽい。

そんな日々。だからこそ、花火という言葉を巡ってのちょっとしたざわめきに、心が浮き立つ思いがするのだ。

ところで東京の夏の花火大会はいくつもあるが、河岸で花火といったら、隅田川の花火。昔風にいうと、両国の花火大会である。

お江戸の昔、川開きの余興として始まったのが、両国の花火である。富貴なひとは屋形船や料理屋の桟敷で、熊サン、八っツァンのてあいは橋のうえや土手っぷちで「鍵屋!」「玉屋!」と、花火師の技が繰り広げる夜空のページェントに酔ったのだった。

その両国の花火が、ひとまず幕を閉じたのは、昭和37年(昭和53年、隅田川花火大会として復活）。その30年代当時の思い出を、仲卸の上物師の方に聞いたことがある。

「当時は柳橋の料亭が隆盛をきわめてまして、花火のごちそうといえばアワビの酒蒸し。房州大原のマダカアワビが獲れる時期で、ビワッ貝と呼んでましたが、果物のビワのような色をしてまして、1個1キロはあった。それはもうみごとなヤツで、あちこちの料亭さんに樽一本もの量で納めたもんです」

日本橋魚河岸で子供時代を送った古老の思い出にも花火があった。

「町が茜色に染まると、小僧衆までそろって物干し台に出て、両国のほうを向いて待ってんです。花火が上がると、ほうぼうの物干し台から歓声があがって。いやぁ、賑やかだったねぇ」

朝が早い市場人に、花火大会へ足を運ぶ余裕はないが、それでも市場人らしい情景が心の襞に刻まれている。花火とは遠くから、いやいや胸の奥にしまいこまれているものが、いちばんに美しいのかもしれない。今年もまた、私はベランダからの遠花火。

洋食のシェフも増え、手長エビひとつで大騒動

私が働いていた仲卸店の大将は、19歳で河岸に入り、小物屋としてずっと働いてきた。小物屋というのは、すしや天ぷらのタネを扱うのが商売である。

70歳を超えたあたりから「息子に代を譲るんだから、おとなしく……」と、神妙なことを言い始めたが、そこは習い性、「ぶったるんでるぞ、オメエら」「バカヤロウ、なにやってんだ」と、破《わ》れ鐘のような声が響かぬ日はない。声も身体もひと一倍大きく、そのひとが仁王様のように真っ赤な顔して怒鳴るのだから、そりゃもう迫力充分だ。やけに静かだと思えば、コハダなんぞをおろしている。ヒョイと背を丸め、鼻唄まじり、グローブのような手で器用にコハダをさばく様子からは、心から魚屋稼業が好きでたまらぬ、といった匂いが伝わってくる。

しかし、小物屋だけでは、商売も限られる。そこで、大将は50の声を聞いたころから、洋風料理の店へも販路を広げようと考えた。そして、ちょっぴり笑い話のような事件が起こった。

「イタリアで、旨いエビを食ったんだよ。日本でも、手に入らないかなぁ」

御用聞きに伺ったあるイタリア料理店のシェフに、そんな相談を持ちかけられた。

「なるほど、手が長くって手長エビ。まかしてください、河岸に私が何年いるかってね」

エビのたぐいは小物屋の範疇《はんちゅう》ではない。しかし、そこは大将、河岸を走り回り、意気揚々で、手長エビとやらを見つけてきた。

ところが……。

「なんだよ。ゴミみたいなエビじゃねえかよ」

注文のエビではないと、シェフが言う。

「バカ言っちゃいけねぇ。ホレ、手が長いじゃねえか。手長エビったらこれだよ」

いきり立つ大将に、シェフは、紙に実物大で、注文のエビを描いてみせた。なるほど、形は似ているが、大将が持ち込んだものに較べると、5〜6倍の大きさである。

「ヨッシャ」

今度は、その紙をヒラヒラさせて、外の輸入業者さんの間を駆け回り、数カ月後、やっと納入できた。

シェフが注文した手長エビとは、イタリア料理の花形食材、スキャンピのことだったのだ。

しかし、大将は、決してトンチンカンなことをやったわけではない。イタリア料理がブームになる前のことで、当時、河岸で手長エビといえば小さな川エビのこと。スキャンピの存在なぞ、だれも知らなかった。

スキャンピに限らず、小物屋にとって、洋食屋さんは未知の世界。思わぬ発見を提示してくれる存在である。

ある冬、福島の浜を回ってきた大将が買ってきたのは、ドラネコの尾っぽ大のむきアンコウ。頭も肝もはずし、ツルンと皮をむいただけ。ノッペラ棒のアンコウだ。ベラボウな安さだったとかで、そこが気に入ったらしい。

しかし、仕入れの担当は慌てた。そんなノッペラ棒アンコウなんて見たことない。

「こんなもん、売れるわけねえや」とばかり、店の隅に隠すように置いた。ところが、ノッペラ棒アンコウをめざとく見つけたのは、イタリア料理のシェフ。ヴェニスではそのサイズのアンコウをよく使うとかで、喜んで買っていった。もちろん翌冬から、そのアンコウは定番商品となった。

すし屋さんに混じって、活締めの魚を見つくろうシェフもいる。シマアジ、カンパチ、タイと、すしダネとしか見ていなかった魚が、カルパッチョ用に買われていく。赤ワイン煮にするといって、フランス料理の店からアナゴの注文が入ったときも、ひと騒動だった。

「昔はすし屋や天ぷら屋と組んで、いろんなことやってきたけど、洋食屋ってのは感性っちゅうやつがまた違って、なんだろうね、おもしろいやねぇ」

感にたえない大将の引退の日は、いつのことになるやら。

魅力はきめ細かく上品な身、そして女泣かせな風貌

剃刀銀次と名づけやしたぜ、タチウオのこと。ぴったりの名だと、フフフの気分である。

銀次とは、体全体をおおう色から思いついた。店頭に並ぶとその色はなにやらうすぼけてくるが、入荷したばかりの箱を開けると、まぁ、ビッカビカ。氷にうずくまりメタリックな輝きを放ち、磨きぬいた銀のごとし、なのである。包丁で皮目をこそげると、薄い銀の箔のようなものがたまる。昔はこれを模造真珠の材料にしたっていうけど、それもうなずける話である。

で、剃刀。ひとふりの太刀のように美しい姿をしているが、実は人間さまをあやめ

る武器を隠し持っているのだ。ふっと気を許して顔でもつかもうなら、手のひらに一瞬、ヒリッと熱いなにかが走る。ポタッとそこから血のしずく。やられた、と気づくのはそのときで、細く深く傷ついたそこからの血は、もはや止まらない。ハモにアナゴ、およそ長物ニョロニョロ系の魚は、鋭い歯が特徴である。タチウオも釣針のような鋭利な歯が並ぶ。これについうっかり、やられてしまうのだ。

純白の氷を染めていく血の色をいまいましい気持ちで眺めながら、いっぽうで、タチウオだけではない、魚全般に対して妙にいとおしい気分がわいてくるのもこんなときだ。

たとえば腕に飛び散り、気がつけば皮膚にジワリと食い込んでいるマダイのウロコ。イサキのヒレは、泳いでいるときこそヒラヒラしなやかだが、料理するだんになると、その背ビレは意外に鋭く、凶器にも等しい。不器用だから、料理の途中、いろんな魚たちから傷を負わされてきた。しかし、痛みに顔をしかめながら、気持ちはいつも別なところを漂う。

魚なんて他愛なく人間の手にかかるものだが、死してなおも抵抗を試みてくるそこに。あるいはみくびっていた相手に虚をつかれ、ウーン、おぬしやるな、と称賛するような気持ち。そのけなげさは抱きしめたくなるほどである（もちろん実際はやりませんが……)。

いやいや剃刀銀次という思いつきは、ほかにもある。その風貌だ。スッとそげた頬に黒目が勝ったすごみのある眼差しは、どこか女泣かせの薄情さが漂う。剃刀のように女の心を切っさいて、あとは知らんぷりの。

しかし、冷やかな銀におおわれた身には、実は情の濃さがたっぷり隠されている。焼けば脂がしたたり、脂肪の多い魚とわかるが、口にすれば身はきめ細かくあくまで上品淡白、余韻にほのかな甘味。塩焼きがいちばんの料理とされるが、鮮度がよければ刺身。癖がなく、こんなにも食べやすくおいしいのかと驚かされる。すし屋さんでは、銀の皮目をこんがり炙ってタネにすることも。蒸してよし、揚げてもよし。銀次、なかなかの仕事師なのさ。

かつては、瀬戸内海をダントツに九州、四国と西の海ではめっぽう獲れ、いわば惣菜感覚の魚だった。剃刀銀次という軽い調子もそこからだが、今や高級魚。東京湾の竹岡漁港からやってくるそれなどは、鮮度のよさもあいまって飛びっきりの値をつける。銀さま、それが口惜しゅうござんす。

夏

ビールに絶対！豆アジのパリパリ素揚げ

材料

豆アジの干物、揚げ油各適宜。

つくり方

1 天ぷら鍋に揚げ油を熱し、豆アジの干物をやや低めの温度でしっかり揚げる。

2 一度バットにとり、少し冷めてから、もう一度揚げる。2度目は少し高めの温度で、カリッと揚げる。好みでスダチを絞る。

干物を揚げるという、新しい発想の一品。特に頭の旨さは絶品。簡単だけど、ビールのつまみに最高！（「美濃桂」伊藤宏之さん）

漬け込んで旨くなる
アジの焼き南蛮

夏

材料

アジ、長ねぎ、シシトウ、ミニトマト、南蛮酢(米酢３：酒２：醤油１)、生姜、青唐辛子、塩各適宜、胡麻油数滴。

つくり方

1 アジのウロコを引き、エラと内臓、ゼイゴを取る。背びれ、尾びれの両側に隠し包丁を入れ、下塩をしておく。

2 焼き網を熱し、アジを焼き色がつくまでよく焼く。食べやすい長さに切った長ねぎの白いところ、シシトウ、ミニトマトも一緒に焼く。

3 南蛮酢の材料を合わせてひと煮立ちさせて冷まし、胡麻油を加え(好みで砂糖も)、千切り生姜、刻んだ青唐辛子で風味をつけ、アジと野菜を熱いうちに漬け込む。半日置いたころが旨い。冷蔵庫で３～４日は持つ。

旨味を吸った野菜も美味。身をむしり酢飯と混ぜてバラ寿司でも。醤油をニョクマムにし、香菜を散らせばエスニック風(著者作)

たたいて混ぜて旨くなる アジのなめろう

夏

アジをうまくおろせなかったときのお助け料理。どうせたたいてしまうから、身がボロボロでも大丈夫!(著者作)

材料

アジ2尾、青ねぎ、大葉、スダチ各適宜、味噌大さじ1。

つくり方

1. アジを三枚におろし、ぶつ切りにする。
2. アジを包丁でたたき、小口切りにした青ねぎ、細切りにした大葉、味噌を加えて、さらにたたく。味噌の量は味をみて加減。
3. 全体がよくなじんだら、貝殻に盛って出来上がり。スダチを添えて。調理中に生温かくなってきたら冷蔵庫で冷やしてから食卓へ。

海のエキスが凝縮！
とろけるウニのパスタ

材料

海水漬けウニ1パック、パスタ、にんにく、玉ねぎ、大葉、オリーブオイル各適宜。

つくり方

1 鍋に湯を沸かして、パスタをゆでる。

2 フライパンにオリーブオイル、にんにくのみじん切りを入れて温め、香りが立ったら玉ねぎのみじん切りを加えて炒める。

3 ウニの海水を適量加えて、ゆで上がったパスタを入れる。たっぷりとウニを入れて全体をよく混ぜ合わせ、皿に盛って千切りの大葉を飾る。

流通が増えたミョウバン無添加の海水漬けウニを使うのがミソ。海水には、ウニの旨味が溶け込んでるよ（「マルツ尾清」 鞆江貞一さん）

ふんわり食感の ウニころがし焼き

夏

材料

ウニ1箱。

つくり方

1 フッ素樹脂加工のフライパンを火にかけ、油をひかずにウニを入れて、コロコロ転がすように炒める。フライパンにおこげができたら、そのウニせんべいも(香ばしくて旨い！)添えて皿に盛る。

日が経って汁が出始めた〝汗をかいたウニ〟でも火を通せばＯＫ。フッ素樹脂加工のフライパンを必ず使って(「丸健」梅澤 治さん)

香ばしいおつまみ
カリカリジャコ豆腐

夏

材料

ちりめんジャコ、豆腐、万能ねぎ、胡麻油各適宜。

つくり方

1 フライパンに胡麻油を熱し、ジャコを入れて、中火〜弱火くらいの火加減でカリカリに炒める。焦げると、いやな苦みが出るので、火加減に注意。

2 皿に豆腐を丸ごとのせ、ジャコ、小口切りの万能ねぎを散らす。皿のうえで、豆腐を崩しながらジャコと混ぜ合わせて食べる。

※ジャコに塩気があるので、醤油はいらないかも。好みでポン酢醤油をかけても。

豆腐は木綿でも絹ごしでもお好みで。カリカリジャコは、そのほかお浸しや葉っぱサラダに混ぜ合わせてもよし(著者作)

火を使わずにできます。うなきゅうパパッとちらし

夏

ご飯さえあれば、火を使わずにできる、というのがミソ。ウナギの代わりにアジの干物やシラスを使っても(著者作)

材料

ウナギの蒲焼き1串、きゅうり1本、茗荷4個、すし酢(酢大さじ3、砂糖大さじ1、塩小さじ1)、ご飯茶碗2杯、白胡麻大さじ2、大葉、塩各適宜。

つくり方

1 すし酢の材料を合わせ、ご飯に混ぜ、酢飯をつくる。
2 きゅうりは小口切りにして塩もみし、茗荷はみじん切りにして水にさっとさらす。ウナギは1cmほどに切る。
3 酢飯に、水分を絞ったきゅうり、茗荷、ウナギ、白胡麻を混ぜる。ウナギがほぐれるくらいよく混ぜるとおいしい。最後に千切りの大葉を添える。

夏

今宵の肴はちょっと贅沢に。アワビの味噌漬け

アワビは高価ですから、1個をいかに有効に食べるか、に苦心惨憺の一品。薄切りにして、大切に味わってください(著者作)

材料

アワビ(小)1個、味噌、味醂、木の芽各適宜、酒少々。

つくり方

1 殻や内臓などをはずしてむき身にしたアワビを深めの器に入れ、酒をふり、ラップをして電子レンジ(400W)で40秒ほど加熱する。

2 アワビが冷めたら、味噌を味醂でのばしておいたものをなすりつけ、密閉容器に入れて冷蔵庫で1〜2晩置く。食べるときに薄切りにして、木の芽を添える。

秋

冷めても旨い！
サンマ有馬煮

材料

サンマ、青山椒の水煮、味醂、醤油、酒、砂糖各適宜、酢少々。

つくり方

1 サンマは頭、内臓、尻尾を取り、3つくらいのぶつ切りにする。
2 鍋に味醂、醤油、酒と砂糖を入れて煮立て、サンマを入れる。ひと煮立ちしたら、ほんの少量の酢を加える（酸味は煮ているうちになくなる）。
3 汁気が半分くらいになったら、青山椒の水煮を入れる。
4 弱火で汁気がなくなるまで煮詰める。冷蔵庫でひと晩置くと、冷めて身が締まり、山椒の香りもよく染みる。冷蔵庫で4〜5日は持つ。

脂の多い魚を煮るときは、酢を入れると味がまろやかになる。お買い得な解凍サンマが手に入ったときにもぜひ（著者作）

洋風バージョンもイケる!
茗荷、青じその和風サンマサラダ

秋

薬味の茗荷をさらし玉ねぎに替え、スダチと挽き立ての黒胡椒、オリーブオイルをかけた洋風バージョンもおすすめです(著者作)

材料

サンマ1尾、大葉、茗荷、生姜、スダチ、酢、塩各適宜。

つくり方

1 サンマを三枚におろし、下塩をふり、ラップなしで1時間ほど冷蔵庫へ。
2 サンマの塩気を冷水でさっと洗い、バットに並べてひたひたの酢を注いで2〜3分置き、ザルに上げて冷蔵庫に1〜2時間入れる。
3 サンマの身を押さえながら、肩口から皮をむき、一口大に切る。
4 大葉と茗荷を千切りにしたものを合わせておき、サンマの身をざっくりと和える。生姜とスダチの絞り汁をかけ、好みで醤油をかけてどうぞ。

酒呑みの定番中の定番。
スダチ薫るスルメのワタ和え

秋

肝ソースでいただくイカ素麺風。肝のまったりとした食感が官能的。ご飯にのせ、ワタ和えイカ丼にしてもこれまた旨い（著者作）

材料

スルメイカ１杯、酒小さじ１、塩適宜、スダチ少々。

つくり方

1 スルメイカの胴から脚を引き出し、肝と脚を切り分ける。肝には強めに下塩をして、ラップなしで冷蔵庫に１時間ほど入れる。

2 胴から軟骨を抜き、エンペラをはずし、皮をていねいにむく。軽く下塩をして、冷蔵庫に入れる。

3 肝の下塩を拭い、薄皮から出して裏漉しし、乳化させる感じで少しずつ酒を加え、ゴムベラで練り合わせる。スダチの絞り汁を加え、さらに練る。

4 **2**のスルメイカの身を細切りにし、**3**と和える。

ちょっと地味だけど絶品!
ゲソワタのパリパリ焼き飯

秋

肝から出る脂を利用して、ご飯にお焦げをつくる要領でじっくり焼きつけるのがミソ。お焦げは取り合いになるおいしさ（著者作）

材料

スルメイカのゲソと肝1杯分、赤ピーマン、にんにく、ご飯(温かいもの)、醤油、黒胡椒(粗挽き)、サラダ油各適宜。

つくり方

1 スルメイカのゲソを細かく切る。赤ピーマンも細かく刻む。

2 中華鍋を煙が出るまで空焼きし、サラダ油を入れる。みじん切りのにんにくを温めて香りを出し、赤ピーマン、ゲソを炒める。

3 ご飯を加え、ほぐしながらカラッとさせる。肝を薄皮から手で絞り出しながら加え、鍋をあおりながら肝と炒め合わせる。ご飯が肝色に染まったら、鍋肌に広げるように焼きつける。醤油、黒胡椒で味を調える。

カマスの干物とほうれん草の酢醤油

秋

材料

カマスの干物1枚、ほうれん草½束、食用菊、すし酢各適宜、醤油少々。

つくり方

1 焼き網をよく熱して弱火にし、カマスを身から焼く、皮がポコポコしてきたらひっくり返して、皮に焦げ目がつくまで焼く。冷めたら身をほぐす。
2 ほうれん草はゆでて食べやすい長さに切り、水気を絞る。
3 ほうれん草に1のカマスと食用菊をほぐしながら入れて混ぜる。
4 すし酢と醤油を加えてよく和える。

干物が半端に余ったときは料理に活用を。塩もみしたキャベツと和えて和風ドレッシングをかけてもいい(「オオハシ」伊藤淳一さん)

意外な相性に驚く！
トマ鯖

秋

香ばしく焼くのがコツ。オリーブのスライスを加えるとよりイタリア風に。サバが苦手な子供にも好評！（「山忠」山崎 雅さん）

材料

サバ文化干し１枚、トマト水煮１缶、コンソメ（顆粒）小さじ２、にんにく、玉ねぎ、いんげん、オリーブオイル、塩、胡椒各適宜、白ワイン少々。

つくり方

1 サバは骨を取り除き、食べやすい大きさにそぎ切りにする。玉ねぎは３㎜の厚さにスライス、いんげんは３㎝の長さに切る。

2 フライパンにオリーブオイル、にんにくのみじん切りを入れて温め、香りが立ったら中火にして、サバを皮目から入れ、白ワインをふる。

3 焼き目がついたら、裏返して野菜を入れ、軽く全体を炒める。さらにトマト水煮、コンソメを加えて混ぜ、蓋をして中火～弱火で５分ほど煮る。

4 ソースが煮詰まって半量になったら味をみて、塩、胡椒で調える。

秋

アジフライより旨い イワシのフライ

牛乳を使えば、生臭さが消えて、衣を薄づきにできます。フライには、小骨もきちんと取れる手開きがだんぜんおすすめ（著者作）

材料

イワシ（大羽もしくは中羽）、塩、小麦粉、牛乳、パン粉、サラダ油各適宜。

つくり方

1 イワシの頭を手で折り、尾のほうへスッと引いて内臓も一緒に取る。氷水で中骨の血を洗い流し、腹のあたりに親指を差し込み、先に尾まで開いて、後から上身のほうを開き、中骨を引っ張り出すようにして小骨も取る。

2 包丁で二枚に切り分け、形を整えて背びれも落とす。塩で下味をつける。

3 小麦粉、牛乳、パン粉の順に衣をつける。

4 フライパンにイワシの片面が浸かるくらいのサラダ油を入れて熱し、片面ずつ揚げ焼きにする。

生姜をきかせた イワシの蒲焼き

秋

イワシは鮮度が落ちやすい魚。古いと生臭さが出るので、ウロコのしっかりついた新鮮なものを選びたい（「伏分」坂田信一さん）

材料

イワシ１〜２尾、ご飯茶碗１杯、小麦粉、タレ（醤油、砂糖、味醂、生姜各適宜）、サラダ油各適宜。

つくり方

1. 醤油、砂糖、味醂、生姜の絞り汁を合わせ、タレをつくる（甘めがいい）。
2. イワシは頭を折り手開きし、内臓と中骨を取る。小麦粉を全体にまぶして、余分な粉をはらう。
3. フライパンにサラダ油を熱し、イワシを身のほうから焼く。こんがり焼けたら、裏返して皮に焦げ目がつくまで焼く。
4. そこに**1**のタレを入れてからめる。
5. 丼にご飯を盛り、イワシをのせてタレをかける。

第二章

秋

目黒のサンマの殿様にも食べさせたい

「どうだ、ウマは残ってるか」

近所のエビ屋の番頭さんが、今宵の酒の肴を物色に。ウマ！ 馬ではない。サンマ・ンマ・ウマ。河岸で年季がいった御仁は、サンマのことをウマと呼ぶ。

夏目漱石の『吾輩は猫である』では、猫君が宿敵おさんへの報復としてサンマを失敬するが、漱石はサンマを「三馬」と記している。「ウマ」と呼ぶ時代があったのでしょうか。

今は漢字で書くと、秋の刀の魚。

とはいえ、河岸でサンマの初入荷を見るのは、七夕が明けてすぐ。厚岸や釧路といった北海道東部の漁港に揚がったものが、航空便でやってくる。銀色の背がピカリと裸電灯に光り、「初さんま」と記した小さな旗が誇らしげにゆれる。サンマの賑わいにことよせ、日本橋時代は、魚篇に祭を添えて「鰶」と書いたそうな。それもうなずける初サンマのその日である。

こうして秋の刀というには早い時期、サンマのシーズンは幕を明けるが、本格化するのは大型船が出漁する9月に入ってから。そしてサンマの南下に合わせて三陸地方などからの入荷も加わる10月がピークとなる。

旬のサンマを見ると、口の先はポッチリ黄色く染まり、顔はあくまで小顔、肩から尾にかけてはまんまるこんもり。北の海で餌をいっぱいに食べ込み、背や腹にたっぷり脂がのった印である。

そんなサンマを刺し身で食べられるのは、かつては漁師の特権といわれたものだ。流通が発達し、それが遠い消費地でも可能になったのは、2000年にさしかかるころ。あれよあれよでしたよねぇ。刺し身はもちろん、サラダにカルパッチョ、たたき、なめろう。今のサンマ人気を後押ししているのは、こうした生食への広がりだ。

私のウマシーズンも、生食から始まる。

厚岸にサンマ漁を訪ねたおり、漁協の食堂で刺し身づくりを見たが、庖丁を入れるのはただの2回で、あっという間におろしていた。あの手際は真似できないが、素人庖丁にも、サンマをおろすことは、そうむずかしくはない。失敗しても、味噌やねぎといっしょに庖丁でトントンたたいて、なめろうにしたらきちんとおいしい。

そこそこにおろせたら、細切りにしてサラダに。茗荷と和えてスダチをギュムッと絞れば、冷酒によし。たまねぎと和え、オリーブオイルをタラ〜リ、黒胡椒をバチッときかせたら、ギンギンに冷やした白ワインがお相手してくれる。脂がのった青魚には、香りの野菜やスパイスを使ったメリハリがめっぽうきくようだ。

しかし不思議なもので、生がいいと食べ続けるうち、やっぱりと恋しくなるのが塩焼きである。

とはいえ、都会暮らしの悲哀、わが家で塩焼きは、長い間、ご法度であった。ガスの火で焼いたら、すごい煙。窓や換気扇からのモウモウたる煙に、ご近所から火事とまちがわれたのだ。

しかし某日、ランチタイムの居酒屋で、ハタと膝打つ光景を見た。電子レンジでチンしてから焼いていたのだ。なかを加熱してから、表面だけそれらしく焼き色をつけるという方法である。

いわば「なんちゃって塩焼き」。田舎で過ごした子供のころ、炭火をおこして七輪で焼くことを自慢にしていた私だが、背に腹は代えられぬ。ま、けっこうほどほどにいい、らしく仕上がり、満足することにしている。

そして新米が手に入るころになれば有馬煮。青山椒の水煮といっしょに煮る常備菜で、サンマの脂っけを山椒の香りで美味なるものに昇華させるって手法。冷たくなると煮凝りができ、その煮凝りにくるまれたまま、炊きたてご飯にのっけて食べる。

季節のうつろいとともに変わるサンマメニュー。塩焼きしか知らなかった「目黒のさんま」の殿様を今の世にご招待したいものだ。なんと仰せになることか。

かつての大衆魚、イワシが〝脂絶大〟で大復活

脂絶大!?

なんのこっちゃ、とてつもなく大きな脂とは。なんて、頭で考えっこなし、このさいは。

イワシの脂についてである。イワシは脂ののりがうまさの決め手。で、せり人さんからイワシの入荷状況の文字情報として、脂絶大というのが送られてきたのだ。通常は「脂アリ」の言葉ですますところを、それでは言いたりないとばかり脂絶大！　脂すごいぞ、と叫び、興奮しているのである。

市場での魚の売り買いは、セリの様子を想像してもらえばわかるけど、提示されたら即反応という、動物的反射神経が求められる。そこで味の表現も瞬間的イメージでして、脂絶大。濃厚な脂ののり、なんていうより、ずっとリアルじゃありませんか。

そんなイワシ。ペリリッと皮をはぐ。銀の色に輝く下には白い脂の層。こんだけ脂があると酢でしめようたって、てごわいんだから。塩もなかなか身に入っていかない、酢もはじき返す勢い。それをようよう手なずけて、たまねぎとサラダにする。スパイスには黒こしょう。包丁の柄の先でガツンガツンとたたいたやつ。それをたっぷりのせる。魚に白こしょうなんて大ウソのコンコンチキ、そのぐらいしなくちゃ、コイツの迫力に負けてしまう。

まったくこのところイワシばかり食べてるなぁ。うちでももちろん。銀鱗文庫勤めとあいなり、お弁当を持っていく日は、みりん醤油でしあげた蒲焼き風、しょうが煮、南蛮漬け、フライとイワシはおかずの常連である。

数年前は、こんなにイワシは食べなかった。そもそも安くておいしいものが大好物なのだが、10年ほど前のイワシはその対象になりえなかったのだ。

市場暮らしを始めて以来、大学ノートに店頭に並んだ魚の値段とちょっとしたメモを書きつけてきた。2005年のノートを見ると、イワシについてはなにやら深刻である。

たとえば9月9日。「旬とはいえ銚子から魚影が消えて久しい。本日は大阪湾から小イワシ。そして石巻から大羽ながらトビウオみたいに痩せたやつ」。価格は、大阪湾の小イワシでキロ2500円、石巻でキロ1500円。

　産地は日によって変わるが、ずっとそんな調子だ。まれに脂ののったイワシが入荷すると、キロ3000円以上。おいしいとわかっていても、そんなお高いイワシ、おかずにはできない。

　それがこの2、3年ときたら、例の脂絶大にしてもキロ1000円前後。そこそこのものだと、日によって500円なんてことも。

　イワシは豊漁と不漁を数十年サイクルで繰り返す魚として知られている。最近でいうと1970〜80年代は豊漁期。そして88年に約450万トンの大台にのせるが、それ以降は下降線をたどっていく。あのノートに記したころは、ピーク時の100分の1にまで落ちこんでいたのである。

　豊漁期に、どうやら入ったイワシ。2020年代に再び豊漁のピークを迎えるという説をかつてある本で読んだことがある。市場に並ぶイワシを眺め、その手ごたえを感じているのは私ひとりではないと思う。

タチウオ、ノドグロに学ぶ。魚の目利きは奥が深い

時間を見つけては、産地巡りへ。もちろん魚の。恋する人のことは、なんでも知っておきたいという心境。ま、オトコじゃないというのが、チト淋しくもあるが。

そんなわけで、先日は島根県へ。訪ねたのは、世界遺産となった石見銀山のある大田市や浜田市の港だ。

大田漁港のセリは夕方から夜にかけて。大型漁船が着岸した港は、魚で足の踏み場もないほどだ。夕映えの海を背に、その魚を仕分けする女たちの緊迫した表情に見入ってしまう。働く女は、いつでも美しい。

浜田漁港のセリは朝。この港は〝どんちっち〟というブランド名のアジで有名。脂がのったうえに値頃感もあって、築地でも人気の高いアジである。

魚を囲んでのセリが始まれば、その後ろにピタッとはりついて耳はウサギ。浜値は、いかばかりか、と。これ、もはや習い性。

その魚のお値段について、この港でかなりショックなことを知った。

タチウオである。その特徴である銀の輝きなぞまったく失せ、ぐったり箱に並ぶヤ

ツを指さし、セリ人さんが言うではないか。

「こっちじゃ、銀の箔のついたビシッとしたヤツより、コイツのほうが値がいいんですわ」

築地じゃ、きっと見向きもされないだろう。

「形のいいビカビカのヤツね。あれとは、漁場が違って、泥場におって、底引き網で揚がる。だから、銀が落ちとっても味はいいと、土地では知られとるんです」

話を聞きながら、とっさに頭に浮かんだのは、お気に入りの江戸小咄《こばなし》だ。

深夜、さる大店に盗賊が侵入。夜目にギラリと光るは刃《やいば》。おそれおののく家人を尻目に、その刃にニャンと向かったのは、猫。畜生ながら、主人思いのアッパレな振舞い!?　と思いきや、その刃、タチウオだった……。

そう、タチウオはこれでなくちゃ。刃と見まごうばかりの輝きがあってこそ。そんな思いこみが、ガラガラッとくずれたのだ。

「ノドグロもそれはいえるわね、ここじゃ」追い打ちをかけるようなひとことを残し、セリ人さんはどこぞへ小走りに。どこでも、かの仕事につく方は、慌ただしい。

ノドグロというのは、口の奥をのぞけば黒っぽく、その名がついた。背は赤桃色で、標準和名はアカムツ。高級魚のひとつだ。

さて、築地に戻って。

実は、気になっているノドグロがいた。築地でノドグロのピンといえば、銚子の釣りモノで、まぁ、ピッカピカのウロコをして、そりゃもうため息が出るほど美しい。そのかわり、お値段もとびっきりだ。そこに交じって、山口県や島根県から、ウロコはすれ、赤桃色もうすぼけたノドグロが入荷していた。こちらはがんばれば手の出る価格。しかし、見た目の悪さに、今ひとつ食指が動かなかった。フンと見下していた、かなり。

しかし、浜田港で知ったあの一件を試すいいチャンスではないか。

うすぼけた色に、鮮度が要求できるのかしらん。しかし、やはり生で、いや、皮を残してたたき風にしよう。皮目の脂を生かすには、これがいちばん……。違うなあ。ことここに及んでも、この魚を信用していなかったのだ。炙って、妙な匂いがしたら、生で食べなきゃいい。

しかし、いささかの不審を覚えることもなく、それは食卓にのぼった。薄切りにしたひと切れにわさびを少しつけ、醤油に浸すと、脂がパッと散った。なんという脂ののり。口にふくめば、ほんのりとした甘さのある旨味が広がり、香りもすばらしい。

見た目の美しさこそ、鮮度の印。魚の命。そうずっと思ってきた。しかし、例外がここにあった。食べてみて、初めて知った。

魚の目利きとやら、まったく奥が深い。

コロンと丸く、脂たっぷり。秋サバの季節がやってきた！

青物師……。

築地では高級魚を扱う店、ないしはひとを上物師と呼ぶ。それを拝借してそんな言葉を考えてみた。水産現場で青物というと、サバやイワシなどの青魚のこと。その目利きを青物師、と呼びたいのである。

9月1日。わが青物師のひとりは、この日からマサバを扱い始めた。

サバにはマサバとゴマサバがある。違いは腹のあたりを見れば一目瞭然、ゴマサバには黒っぽい斑点がある。春〜夏はゴマサバ、秋〜冬がマサバのシーズンだ。しかしゴマサバは南日本に多いので関東ではなじみが薄く、身割れしやすいのなんのといわれ、格下の存在だ。だから痩せていようが、夏でもマサバのいる築地だが、わが青物師は、夏場はゴマサバしか扱わない。実際、夏のゴマサバはきちんとうまい。この見識に、私、陰より拍手である。

そして、9月1日を待って、晴れてマサバへと照準を定めるのである。シーズンインして狙うは、東京湾のサバだ。三浦半島の先、松輪漁港からのそれがブランドとなっているが、小柴、ときに船橋、富津と追いかける。なにしろ産地は目の前、高鮮度のしるしとして、触ると皮目がヌルリとしている。おまけに東京湾は餌がいいのかコロンと丸く、脂ののりも上々。単純に塩焼き、それだけで美味。脂にいい香りがあって、味に深みがある。

東京湾産は、年内いっぱい。秋が深まるにつれてフェイドアウトしていく。そこで並行して仕入れるのは、石巻など三陸産のマサバとなる。年が明ければ、北九州。済州島回りのマサバは、ことに脂がのり、寒サバの本流となる。さまざまな産地、それぞれが頂点を極める期間は2カ月ないかもしれない。その頂点をひたすら追いかけるのが、わが青物師の日々である。

マサバ1本、ふたつに身を割る。いいぞと思うモノは、包丁に吸いつくようなモッチリ感がある。割ってみれば身はあくまできめ細かい。さらに脂がのってくると、透明感のある赤身に、サシのような白さを蓄える。マグロの中トロみたいな。

あとはいろいろ。夫が熱燗だといえば薄切りにしてさっと湯通ししてポン酢と大根おろしを添える。定番の味噌煮は時間のあるときで、急いでつくるおりは、フライパンで焼いて味噌ダレで仕上げる。ビーフシチューの隠し味に味噌を使うシェフがいると聞いて、逆の発想で味噌を赤ワインでのばすのだ。サバのような癖のある魚には、けっこう合うんですね、これが。

とまぁ、いろいろと思いつき料理で楽しんでいるが、ここ数年、はずれのサバにあたったことがない。これも、わが青物師のおかげ。うるさがられるほど、私、つきまとっておりまして。

サバを読む、という表現がある。サバは鮮度落ちが早い魚ゆえ、それこそ目の子勘定（目算）、ろくすっぽ数えることなしで流通していた。それでよし、とするほどとれた。しかし、今は違う。大衆魚と呼ぶのは、もはや過去形。漁獲量も減り、高級白身魚をはるかにしのぐ値がつくモノすらある。選ぶにも吟味が必要。青物師なる言葉、あってもいいかも、と思うのだ。

いつもいる気分のジャコにも、おいしい旬がある

「そう、宮崎ですか。あそこの海はいい。若いころ、ちりめんジャコの担当、やっとりましたが、いいモンが出てくるんです。砂がいいっていうかね。海が透き通って、砂が白い。科学的にはわかりませんよ、だけど、ジャコは砂の色に同化するらしいんです。だから白っぽくて、値もよくってねぇ」

いつだったか、出身は宮崎だと言うと、卸会社のひとがそんなことを話してくれた。入荷する魚種も量も少ないために、築地ではめったに聞かれぬ故郷の海への賛辞。不覚にも涙ぐみそうになった。田舎がイヤと、大学を東京に選んだのを機に、ずっと東京にしがみついてるクセして、故郷への褒め言葉を聞くと、つい胸がザワザワ。困ったもんだ。

子供のころ、日南海岸へ行くと、浜辺に敷いたシートにちりめんジャコが広がっていた。まるで白い絨毯《じゅうたん》。そうやって、おてんとさまに干していた。東京にあるのは、ジャコでもシラス干しであり、それを知った母は、ちりめんジャコをよく送ってくれた。セピア色の思い出カードに、ちりめんジャコは愛らしくも大切なメンバーだ。

今、東京でもちりめんジャコは簡単に手に入るようになり、醤油や塩と同じぐらい、私にとっては欠かせない。菜っ葉の炒め、野菜の煮つけ、チャーハンやパスタ。食欲がない日は、冷や奴に胡麻油でカリッカリに炒めたそれを山とのっければ、なんとかなる。このカリッカリは、お浸しにかけてもいい。ひとりご飯をそそくさ食べるおりは、カリッカリと刻んだ高菜漬けと合わせ、お茶漬けにしてもいいしなぁ。

　ちりめんジャコは、カタクチイワシの稚魚。釜ゆでして、カラリと干す。軽く干したのがシラス干し。煮干しは、ちりめんジャコのアニキ分。正月に使うゴマメは、煮干しと似ているが、生を干したもの。そうそう稚魚を板状に干せば、たたみイワシ。カタクチイワシは、ちっこいうちからお役立ちのアッパレなヤツである。

　さて、ちりめんジャコ。築地市場でよく買うが、私の目はどうしても宮崎産へといってしまう。しかし、ジャコを扱うプロによれば、シーズンにより微妙な違いがあるようだ。

「季節的にいうと、ジャコ類の生産が盛んなのは3月から12月まで。春と秋口がハイシーズンで、だから、旬は2回。宮崎など九州モノがいいのは、一般的に春。秋に入ると、静岡や愛知です。遠州灘の天日干しといって、静岡県の舞阪や福田《ふくで》とか有名ですよ。魚質がいい。味が濃いっていうか」

市場だから、選択肢はめったやたらに多い。値段もピンキリ。キロにして1000円以上の差はゆうにある。この差は、ひとことで言ってしまうと、見た目。高いものは、サイズがそろい、妙に大きくなく小さくもなく。そして黒っぽいものより色白で、混ざりものがない。

しかしですねぇ、耳元で囁《ささや》かれた。

「味と見た目は、そんなに関係ない」と。

しみったれのこの私、飛びついた、この言葉に。以来、それが私のジャコ買いの指針。サイズバラバラ、色黒よし。赤腹と呼ばれるものも狙い目だ。甲殻類系のプランクトンを餌にしたため、腹が赤い。それゆえお安め。でも、なんたってエビカニ食いだから、味はいい。

混ざりものだってねぇ。子供のころから、イカやタコが見つかると歓声をあげた。ごくまれにタツノオトシゴが紛れ込んでいることもあるそうだが、ぜひとも出会ってみたい。なんかいいことありそうじゃないですか。

東京は、このちりめんジャコより、圧倒的にシラス干しが好まれる。築地での取り扱い量も、ちりめんジャコ2対シラス干し8の割合だとか。関西になると、その逆。ことに京都は、ジャコ山椒用に小さめで形のそろったきれいなものが好まれる。圧倒的に西が優勢なちりめんジャコだけど、東京でも需要はのびている。私的には、かなりタノモシイ。

魚界きっての男前。なんとしてでも丸ごと使いたい

ホウボウは魚界きっての男前である。

まず顔がいい。骨格がすっきりとして、目には勢いがあり、典型的な役者顔である。体色は、まっことあでやかな紅まだら。長すぎるように見える胸ビレは、広げてみればまるで羽である。しかもその羽には蛍光をおびた紫の斑点が連なり、孔雀を思わせる。胸ビレは威嚇のために広げると聞くが、海中でのその姿に出会ってみたいものだ。緋縅《ひおどし》の鎧姿もりりしい若武者といった感じじゃないかしらん。正月や婚礼の祝い魚に使う地方もあるそうで、それもうなずけるさっそうとした姿である。

であるからして、私はこの魚は、なんとしてでも丸ごと使いたい。活きがよければ刺し身がいいとわかっていても、丸ごとにこだわってしまう。そこで、この魚でいの一番にする料理はイタリアを代表する魚料理のひとつ、アクアパッツァだ。肉質は締

まっており淡白な白身でゼラチン質も多い。ブイヤベースにも共通する洋風鍋料理は彼の持ち味にぴったりなのだ。

アクアパッツァというと、レストランの高級料理みたいに思えるが、私はいつもこんな光景を頭に思い浮かべながらつくっている。

イタリアの貧しい漁村である。漁師をやっているトーサンが、市場に出せない小魚をぶら下げ、戻ってきた。浜で遊んでいた腕白坊やジョルジョ（勝手に付けた名前です）は、貝のいくつかを拾ってきた。さぁ、夕げの準備だ。マンマが、オリーブ油で小魚を焼く。そのうち、アラマッ、焦げそうだ。エイッとばかり、水をジャッ。ついでにジョルジョの貝もぶちこんで、夏から干しといたトマトや秋に漬け込んだオリーブや庭のハーブなども放り込む。そしてグツグツ煮たら、ハイできあがり。

おそらく始まりは、そんな料理だったのでは、と思う。素朴な漁師料理。アクアとは水。パッツァには逆上した、といった意味がある。熱くなったフライパンに水を注いだ様子は、人間ならば、カッカとなって頭から湯気をふき出して……、まさに逆上、である。

でも、アクアパッツァだとホウボウ君はぬれねずみといった仕上がりになってしまう。そこで唐揚げにすることも。この場合は、お腹に斜めの切れ込みを入れることがポイントで、火のとおりをよくするためもあるが、切れ目の部分がふくらみ、立派な姿に仕上がるのだ。胸ビレもなるべく広げるように揚げる。男前をそこねぬように揚げる、というのが勝負どころである。

しかし丸ごと調理には問題がある。鍋の大きさという……。ホウボウは大きいものだと40センチ前後。それにふさわしい大鍋を持っていない。そこで使うのは、プロが小バカにするようなちっぽけなヤツである。しかし実はこれがもっけの幸いってヤツで、高級魚といわれるホウボウも寸たらずはベラボウに安いのである。

それでも手持ちの鍋に入らないことがある。そんなときは、鍋底の周囲に沿って、そっと曲げて入れる。立体的な形のホウボウはそれが可能なのだ。仕上がりはなにやら海中でグイッと身を躍らせているようで、そこが愉快、楽しい。男前だからやりがいもあるってものなのね。

秋の風吹く10月は、干物日和の幸せ月です

河岸の「合物屋《あいもの》」さんの前に立つと、ついおいしそうなアジの干物を探す目になっ

てしまう。

20代のころだった。エッセイストの福島慶子さんが、「お日さまに干したフカフカの布団で休み、パリッと焼いたアジの干物で朝を迎える」幸せについて書いたのを読んだ。舞い上がるような感動を覚えたのは、それにはほど遠い、ただ忙しいだけの毎日を送っていたからだ。

お日さまの匂いがする布団とパリッと焼いたアジの干物。今もふたつはセットで、わが幸せの象徴。もっとパッとしたものはないかと探すが、小心者には思いつかない。心の隅に張りついたまま。だから、つい……。

「合物屋」。耳なれない言葉だが、河岸では干物を扱う店をこう呼んでいる。「合物」を辞書で引くと、塩魚と鮮魚の間、とあった。棒ダラのようにカラカラに干してあるわけでなく、かといって生の魚でもない。その間。まさしく合物である。

中世以来の言葉だそうで、かつて生の魚の保存は、塩をするのがもっとも有効な手段だった。海から遠い町や村は、塩した魚が普通であり、生の魚は「無塩《ぶえん》」といって、めったにない御馳走。漁村でも、魚が前浜に寄ってくるまでの合間は、干物でしのいだ。魚河岸で知られる江戸ですら、ときの権力者はいざ知らず、一般のひとが「無塩の魚」を食べることは稀《まれ》だった。日本橋川沿いの魚河岸と川をはさんだ場所には、四日市組魚市場といって、塩干魚を扱う大きな市場もあったほどだ。

そんなふうだったから、魚と塩の関係を、段階にわけて考える言葉が生まれたのだろう。魚と暮らしてきた日本人のチエを思い起こし、ちょっとしみじみ。

合物屋さんの干物の話は、それだけに奥が深い。

「干物といえば、静岡県の沼津。ことにアジは全国の生産量の4割を占めてるんだよ」

と「山忠」のダンナ。「箸でいただく食文化……干物」と銘打って、子供たちにお箸の持ち方から始まる干物の食べ方指導をしたりと、干物普及にも熱心である。

「沼津は、まずは水だよね。富士の湧き水から生まれた柿田川が流れている。それに西風が強く、雨が少ない」

水と風、おてんとさまと3拍子そろった沼津は、地の利を生かして江戸時代から聞こえた干物の産地だった。

「それに加工の技術。たとえば沼津のアジの開きは、骨のうえにうっすらと身を残す。骨の周りって旨いよね。そのおいしさまで考えたおろし方なんだよ」

多くは機械乾燥に変わり、自然の役割は減ったが、この加工技術により、不動の地位を保っているのだ。

「おもしろい話があってね、カマスのように腹が薄い魚は、背開きにすると形のいい干物になるわけ。以前、九州では、腹開きが主流だったけど、沼津の加工業者が背開きを教えてからは、評価があがったんだって」

干物のおろし方なぞ気にも留めてなかったが、そこに価格を左右するまでの技が隠されていたとは。専門職にある仲卸さんとの話は、これだからおもしろい。

やはり気になるのは、アジの開きの目利きである。

「買うときは、全体を見ること。丸みをおびてふっくら肉厚なもの。原料としては、九州近海から韓国の済州島あたりのものがおすすめかな」

そして焼き方。

「昔からよく言うんだけどさ、海の魚は身からって。8割がた身を焼いたら、ひっくり返して皮を2割、というのが基本。身と皮の間に脂があるから、その逆だと皮が焦げるし、旨味も逃げてしまうから」

もうひとつ、私は、ほかの合物屋さんから教えていただき、実践していることがある。今の干物は生っぽいものが多いが、朝の風に2、3時間干すと、ほどよく乾き、おてんとさまの力ゆえか、風味も増すのである。

秋の気配が急速に増す10月。アジ、カマス、サンマ、メヒカリと干物の種類も増える。カラリとしたおてんとさまは布団干しにも最適。干物日和の幸せ月である。

河岸にはカラスミ自慢が勢ぞろい。私だって……

カラスミという言葉を、初めて知ったのは、高校1年生のとき。太宰治の遺作『グッド・バイ』で発見した。なにやらお酒のための高級珍味らしい。知りたがり屋の虫が、ウズウズと私の胸に巣くってしまった。

翌年、長崎への修学旅行で、かの地がカラスミの本場と知った私は、カステラなど目もくれず、カラスミへ直行した。初めて見た印象は、なんだコリャ！　不安はよぎったが、好奇心を優先させた。

帰ってみれば、不安は的中。カステラを待っていた家族一同、不平たらたら。食べてみると、固い、しょっぱい、かつぶしの端っこをしゃぶってるみたい。まだお酒の味を知らぬ舌に、その味は理解を超えていた。

それ以来、きれいさっぱりカラスミのことは頭から消えた。ところが河岸へきて、こんなにもカラスミに深入りすることになろうとは。

10月、仲卸のあちこちの店頭にあんず色の巨大なタラコといった形のボラの卵が並ぶ。これがカラスミの材料。キロで万を超え、紀州尾鷲や宮崎産ともなると、ときに

3万4万はいく。しかし、手づくりすれば、市販のカラスミより格段に安く、広く買われていく。

カラスミは、形が唐の墨に似ているとかで、漢字をあてると「唐墨」。日本古来のものと思っていたが、ルーツは地中海沿岸に強大な勢力を誇った古代ローマ帝国。シルクロードを経て、大陸から渡ってきたとされる。

ルーツの製法はわからないが、それとおぼしき地中海スタイルを残してくれたのは、フランス・ベルエポックの画家ロートレックさん。グルメでもあった画伯のカラスミレシピは『美食三昧』という本に記されており、ボラの卵をたて塩に48時間浸け、板にはさんでペチャンコにしたのち、地中海特有の乾いた北風、ミストラルにさらして乾燥させる、というものだ。

塩の浸透圧を利用してボラの卵の水分を抜き、乾燥させる。これがカラスミづくり永劫不滅の原理である。

一般に知られているやり方は、塩漬け→塩抜き→乾燥という工程を経ているようだ。

原理はそうであっても、店にやってくるお客さまは、なにしろ「自分の味で勝負」の料理人。塩に漬けるのでも、たて塩、粗塩に直接漬け込む、そのおりに和紙にくるんで紙塩とするなど、手法はさまざまだ。

塩抜きにも、こだわりがある。

「芋焼酎に漬けて塩抜きする」と教えてくれたのは、某すし屋さん。小声で「富乃宝山か佐藤」と銘柄をつけ加えたおりの鼻、ぴくついてましたね。どちらも高級銘柄である。

吟醸酒を使うといい、干す間に紹興酒を塗ると色がよくなるなど、店先で、コソッとレシピを聞く私に返ってくる答えは、ひとつとして同じではない。ただ、いちように言えることは、言外に漂う「ゼッタイ、オレ流がいちばん」という自信だろうか。

不遜にも、この私だって……。

粗塩に浸けこんで8時間、塩を落としてホワイトリカーに漬けて塩抜き、あとは天日に干すというシンプルなレシピだが、さまざまな手順が必要となる。

インターネットで長期の天気予報を調べ、仕事のスケジュールを睨み、つくる日を決める。その日が近くなれば相場を検討。天気晴朗にしてボラの卵安し、という日はそうざらになく、今日か明日かとハムレットの心境。

雨がふれば冷蔵庫に取り込むため、カラスミさまのご寝所確保におおわらわで庫内の大掃除となる。干し上がるまで2週間、河岸が終われば飛ぶがごとくに帰宅する。

こうしてつくったカラスミである。可愛くなくてなんとしよう。これまたカラスミづくりに情熱を燃やす友人がいる。お互い、自作の旨さを言い合って一歩も譲らぬ。そこで毎年のシーズン初め、できたものを交換しようと約束するが、ついぞ果たされたためしがない。手前カラスミをけなされるのが、ひとえに怖いのだ。

マグロが追い求めるスルメのワタ力

マグロを見ると、いつも不思議な思いにかられる。あんな大きな図体で、よくもまぁ泳げるもんだと。

「今日は、なんキロ」

「180キロ」

仲卸「西誠」さんは天然の生マグロだけで勝負している店で、朝にはセリ場からあがってきたマグロが、台のうえにゴロリと横たわっている。通りすがりの挨拶に、そのマグロの目方と産地を聞くのが習慣で、大きければ大きいほど、子供みたいな不思議感が増し、気分がいい。

180キロもの重さで、まったくなぁ……。

それもかなりのスピードで泳ぐという。アンコウのように、海底にドスンと居座って餌がやってくるのをただ待っている、という自堕落な暮らしではない。ひたすら泳いでいる。最高スピード、時速100キロ以上。眠るときはさすがにスローダウンするものの、休むことを知らない。だからといってトビウオのようにほっそりしているわけではなく、脂ののりのよさはご存じのとおりだ。

その秘密は、どこにあるのだろうか。

「大間のマグロが旨いのは、ワタのでっかいスルメイカをしこたま食ってるから」

河岸では、よくそんな話を耳にする。

大間のマグロが旨いのは、ほかにも理由があるとは思うが、私にはこの話がいちばんに説得力がある。

スルメイカの脚を、だましだまし微妙な力加減で引き抜くと、内臓もスルリいっしょについてくる。そこにあるのは、オレンジ色の大きなワタ。つやつやとはち切れんばかりで、いかにも栄養がありそうなのだ。

スルメイカと大間のマグロ、どちらも回遊生活を送っているが、行動範囲がリンクする時期がある。

スルメイカの寿命は1年。九州南西部の海に産まれると、一路、成長しながら北の海をめざす。春の連休を過ぎると、手のひらサイズのちっこいヤツが入荷。麦刈りの時期にあたるので「麦イカ」と呼ばれている。

その麦イカ入荷を見るころ、山陰地方から生マグロもやってくる。彼らも北上のまっただなかにいるマグロたちである。

やがてスルメイカとマグロは、追いつ追われつ、潮にのり、津軽海峡へとなだれこんでいく。

夏休み、津軽海峡にイカ釣り船の明かりがともり、函館山からの夜景に観光客がため息する。そして、この海でのマグロの漁期も、7月から翌年の1月といったあんばいだ。海中ではどんな攻防が展開しているのだろうか。

お盆休みも過ぎてのころ、私はいそいそスルメイカを料理する日が多くなる。ワタもみごとに大きくなっている。目的は、このワタにある、といってもいい。

スルメイカのワタは濃厚な味だ。トロリつぶせば、すばらしいソースになる。スルメイカを刺し身にするのでも、このワタに醤油をたらしてペースト状にして和えたら、ぐんと旨さが増すってものだ。

加熱してもおいしく、たとえばワタ焼き。ゲソもエンペラも、身のすべてをガッと炒め、そこにワタをからませたら、もはやこむずかしい調味料なぞ出る幕なしで、複雑で絶妙な味わいとなる。

さらにはワタ炒飯。身のいいとこはイカそうめんなぞにして、残ったエンペラやゲソをきざんで具とする。飯をゲソやエンペラといっしょに炒めて、仕上げにワタを入れ、飯がワタにまみれたら一丁あがり。イカ独特の香りよし。ワタの脂のせいか、食べごたえもある。

大間のマグロたち、そんなワタのおいしい威力、知っているんでしょうね、きっと。

大間のマグロだけにおいしい思いをさせとくのは、惜しいってもんです。

かの偉人も、カキっ食い。海のミルクを召し上がれ

カキ……。思い出すのは、『万葉集』の恋歌だ。
夏草の　あひねの浜の　蠣貝に
　足踏ますな　明かしてとほれ
夜の明けぬうちに帰ろうとする男を、女はこう言って引き止める。
「外はまだ暗いのよ。カキの殻を踏みつけてケガでもしたら……」

むきだしの岩、潮が満ちてきたら足元をぬらす海辺の小道を、男は帰ろうとしている。岩肌には、カキの殻がびっしりと張りついているのだろう。

三陸海岸のカキ養殖場の浜で、そんな小道を歩いたことがある。

私たちの口に入る養殖のカキは、ブドウの房のように重なりあってイカダから海中に吊るされて育つが、天然のそれは岩礁や杭などにへばりついたら、そこを離れることなく一生を送る。ホタテ貝のように大きな殻を使って海中遊泳することもないし、ハマグリのように砂底をモゾモゾ動き回ることもない。じっとそこに留まったまま、おもしろみのない暮らしを送る。しかし、そのおかげで肉質は、おそらく貝のうちでもっとも柔らかい。咀嚼《そしゃく》しないで、スルリ呑み込めるほどに。

動かないから身のうちに栄養分もいっぱいため込む。海のミルクと呼ばれるように。カキは、海産物に日本ほど執着しなかった欧米でも、古くから食べていたというが、たぐいまれな食感と栄養に着目したからだろう。

紀元前のローマ時代には、すでに原始的な養殖が行われていたそうで、ときの英雄シーザーはカキっ食いで知られている。時代は下って、フランスの大作家バルザックもカキっ食い。なんと12ダース、144個も食べたという。彼は女性遍歴でも有名だったけど、そのあたりと関係するエピソードってことらしい。そういえばシーザーの人生にも、クレオパトラというおっかない美女がいた。

こうして欧米では食べる数を競い、元気をアピールする道具に使われるカキだが、日本ではそうした気配は見られない。江戸時代の料理書をひっくり返してみると、登場回数が多いのはなんといってもカキ飯である。

「常のごとくに炊いて、湯気が出たら殻をむいたカキを入れよ」と。

私のカキ飯も、このひとことがヒント。常のごとく自動炊飯器で炊いて、むきガキを放り込めばよしとする。ホッキ貝やアサリなど、貝の炊き込みご飯はいろいろつくるが、少々荒っぽいこのカキ飯が、手軽につくれるうえにうまさの点でもいちばんだと思う。

でも、カキ飯じゃ、元気の素としては今ひとつ迫力にかけるかしら。

ならば、築地市場のカキ屋さんに教わったカキバターはどうだろう。フライパンで焦がし気味にバターを溶かして、長ねぎといっしょに焼くだけ。ねぎとバターの香りにくるまれたカキは、プクリとふくれ、濃厚なうまみが口に広がる。市場で冬の寒さ対策といえばこまめに体を動かすことしかなく、くたびれた夜のカキバターは、疲れをほぐしてくれる。といっても、大粒のカキで10個がせいぜい。シーザーさんやバルザックさんの数を思うと、偉人というのは胃の腑まで、できが違うらしい。

新海苔、寒海苔、おすすめ干し海苔。パリッと焼いて

海苔は海が育てる作物。種付けから、本格的な作業が始まる。その様子を見に行ったのは9月中旬、秋分の日近くだった。ところは千葉県木更津市。東京湾を横切るアクアライン、その橋のたもと近くにある金田という漁港の一角で、海苔漁師さん総出で種付けが行われていた。

なんといっても目を奪われたのは、大きな水槽にセットされた直径2メートル近くの水車である。そんな水槽が横一列に並んで10個ほどもあったか。水車はゴットンゴットンザブー、朝の透明な光に眩しい水しぶきを散らしながら、ひたすら回っていた。

「水槽を覗いて」と、作業中の金萬智男《きんまんのりお》さん。金萬さんは、夏は貝、冬には海苔漁と、木更津伝統の漁師となって30年になるひとだ。

水槽の水は海水で、スダレのようにカキの殻が下がっていた。よく見ると、殻の内側である白い部分は、モヤモヤ黴《かび》のようなもので黒ずんでいる。

「黒いのは汚れじゃなくて、糸状体。海苔の赤ちゃんだよ」と金萬さん。

江戸時代なかば、東京湾で始まった海苔養殖。それは浜の浅瀬に、ヒビと呼ばれる

木の枝を建て並べ、海中に漂う海苔が付着するのを待つというものだった。

養殖の手法は、江戸時代を踏襲したかたちで昭和に入ってまで続くが、第2次世界大戦後、イギリスの藻類学者の手で新たな発見があった。海苔の生態が解明されたのだ。糸状体と呼ぶ菌糸の形で、貝殻の石灰質の部分にもぐり込み、夏を過ごす、と。

こうして今では、カキ殻に糸状体を人工的に培養し、種付けを行っているのだ。

糸状体は、種付けの場にやってくるまでは、カキ殻のなかでじっとしている。ところが不思議、水槽に移されると、水中に飛び出す。カキ殻の石灰質を破って。すごいパワーだ。

そして、飛び出すや胞子に変身。水槽の水は、実は無数の海苔の素が浮遊するお宝海水なのだった。水車には、幅広の長い網がグルグル巻いてあり、回るたびに網に胞子がまとわりつくことになる。

網糸を短く切ったものを顕微鏡で見せてもらったが、繊維のなかにピンポン玉みたいな胞子がポツリポツリ。種付けの場に顕微鏡は必須で、このポツリポツリの量が、熟練の目でヨシッとなるや、冷たい海水を張った水槽に移す。すると、ピンポン玉君が、芽をつける。海苔の赤ちゃん誕生、発芽である。

この網は、冷凍庫に保存。海水温が23度前後になったところで、海に張り出す。10

月の初め。キンモクセイが香るころだ。

科学の力を借りて、大きく進歩した海苔の養殖。しかし、海という自然の力で育てる間は、やはり人間のきめ細かな世話が必要だ。日々、海へ出て潮の干満に合わせては棚に張った網の高さを変えたり、台風予報にジリジリと気をもんだり。農家の方が、毎日、畑へ出かけるのに、どこか似ている。

「海苔は、百姓の気持ちがなきゃできない」

金萬さんが言うように、江戸時代に海苔養殖の始まりをになったのも、100パーセント漁師じゃなくて、磯付き村と呼ばれる半農半漁の村に暮らすひとたちだった。

初摘みは11月なかば。まだ、海に青海苔も育っており、製品となった板海苔にも青海苔がポツポツと混じる。青混ぜとかコントビと呼ばれ、香りのよいのが特徴で、近年人気が高い。年内に収穫されたものが新海苔。年が改まれば、寒海苔。味にコクが出る。

もっとも、海苔の真骨頂を味わうのには「やはり干し海苔で」と、海苔漁師さんたち。干し海苔は保存がやっかいなため、流通しているのはもっぱら焼き海苔だが、専門店や生産者のネット販売などで手に入る。いかがですか。今年は、新の干し海苔を自分でパリッと焼いて、味わいを再認識しては？

殻をパクンパクン。海中遊泳の姿は帆を立てた船

海の泡から生まれた女神ヴィーナス。イタリア・ルネサンスの画家ボッティチェリは『ヴィーナスの誕生』というタイトルで、彼女の上陸のシーンを描いている。豊かな裸身を見せてたたずむヴィーナス。足元を見れば、オヤオヤ、ほたて貝の殻。ほたて貝を船に、彼女は海からやってきたのだ。

すべてはボッティチェリの想像の産物だけど、なにゆえほたて貝なのか。

さぁ、そこで皆さま、殻付きほたて貝をご用意あれ。謎の扉も開くってもんです。食卓ナイフを使って、殻をまず開けよう。中央にあるのが貝柱。その回りの内臓もろもろをはずし、しばしご鑑賞を。

硬質な殻の中央にスクッと立つ貝柱。色は乳白色、海の雫をまとったごとくに濡れ濡れとして……。まさにヴィーナスの柔肌じゃございません？

そしてこの貝柱、異様に大きい。それだけ力にもすぐれ、殻をパクンパクンと開閉させ、海中遊泳だって可能。あたかも帆を立て海をいく船のように。そこで「帆立て貝」の名がついた。大画伯のほてて貝へのイメージ力、おみごと！というほかはない。

エッ、鑑賞より早く食わせろ？　ごもっとも。でしたら貝柱をナイフではずし、そのまま口に放り込んで。そう、ただの丸かじり。口に含めばヒンヤリツルリ、食感はあくまで柔らかく、噛めばほんのり甘い。初めて丸かじりしたとき、私、あまりのうまさにのけぞったものだ。

ベースがこのおいしさゆえ、料理法ときたら和洋中華、生、焼く、揚げる、煮るといかようにも。だから、河岸でも人気が高い。多くの貝が輸入に頼っている昨今、ほたて貝の供給は国内産だけで可能。産地は北海道、青森県、岩手県、宮城県だが、出荷時期をずらすことで四季を通じて入荷している。

しかし、この人気、実は近年になってのこと。昭和の後半、初めて北海道からやってきたころは、もう散々。当時、貝柱の王様といえばたいら貝で、その食感と比べると柔らかな点が嫌われ、売れなかった。

ブームに火がついたのは炉端焼き。殻焼きが大ヒットした。刺し身や寿司ダネへと生食が広がったのは、それからだ。

今では殻をむいて貝柱だけにしたものも入荷。殻つきは「カラホ」、貝柱は「ムキホ」と呼ぶのが市場的用語である。

東京上陸の転機となった殻焼きは、わが家でも定番の一つだ。焼くうちに殻は貝のジュースでいっぱいに。そこに醤油をタラリ。漂う香り。すでに始まる御馳走感。ほたて貝のうまみは焼くことでより濃厚となり、ヒットの理由も納得の味ってものだ。

ムキホを持ち帰れば、初日は刺し身やづけ丼で生を堪能。翌日はバター焼やフライ。そして、もっかぞっこんなのは、味噌漬けだ。こんがり焼けば、冷めてもおいしく、弁当男子におすすめしたい。できれば女子へのお裾分けも。これぞ弁当男子の本懐をとげる味、というのは言い過ぎ?

雄大なスケールで、世界を泳ぎ回る自由人

11月11日は「鮭の日」。ホラ、鮭という字の魚篇をとって、残った圭をばらすと十一、十一。時あたかもサケの旬まっさかり。考えましたよね。

北海道からサケ便りの第一報が届くのは8月下旬。初陣きって、定置網がしかけられるのは、オホーツク海沿岸である。やってくるのは「銀毛沖獲れ」。川を昇り始めるころは、皮目に赤茶のまだらが出てブナと呼ばれるが、初陣のそれは銀のウロコに輝いている。市場喧騒のなかにすっと秋の気配。

11月、サケ漁まっさかりの野付半島、尾岱沼《おだいとう》漁港を訪ねたことがある。鈍色《にびいろ》の空、雲の動きはあくまで早く、その下でのサケのボリューム感たるや、私、はったおされそうでした。

入港した船の底から、サケでふくれ上がった網が、クレーンで引き上げられる。すぐさま岸壁で仕分け作業。4〜5キロものサケが、佃煮状態で飛びはねる。地響き、飛び散る汐しぶき。男たちの節くれだった手が、なだめるようにして、オス・メスに分けていく。サケ界では、なんたってメスがエライ。お腹にたんまりのスジコで、オスよりずっと高値がつくのだから。

サケと戦う傍らでは、漁師第一線から引いたジイサマが頬っかむりして、岸壁に群れ寄るサケを目当てに釣り糸をたれている。ヒュルヒュルと渡る風にさらされ、ザルに並んだカマが紅の色を濃くし、竿につるしたハラスもちょうどいい干し加減。スジコをとったあとの漁師のおかずだろうけど、炙れば、ここんとこがいちばんウマイ。

これぞニッポンのサケ風景。

それが目に焼きついてるせいか、昨今のサケ事情には、私、つい憎まれ口、である。シーズンなのに売れているのは養殖の外国産サーモンだ。天然国産志向なんて、うそばっかり、と。

ノルウェーやチリからサーモンの輸入が始まったのは、1980年代初頭。海で育てる養殖なので、生食可能。日本人向きに餌も工夫して紅の色も鮮やか。すしダネや刺し身という新しい世界も広がり、需要は快進撃。今やサケの味の指標となりつつある勢いだ。

でもねぇ、ニッポンのサケで「しゃけバタ」やってみてくださいよ。北海道では「ざんぎ」と呼ぶから揚げもいいなぁ。身はあくまでホクホク、うまみほのぼの。サーモンなれした舌にも、かなりいけてるんじゃないかと。

なんて、しつこくすすめたがるのは、きちんととれているから。あれが獲れない、これが不漁だと、そんな話ばかり聞く日本のお魚事情だけど、サケはかなりの優等生なのだ。

彼らの行動半径は雄大だ。日本各地の川で生まれ、海へ下ると夏はベーリング海、冬はアラスカ湾で越冬と、これを2〜3回くり返し、戻ってくる。不漁と騒いだが、彼らは快適温度の大海原で、その日を待っていただけのこと。暑かろうが寒かろうが、勤め先とわが家をアクセク往復するしかない人間よりずっと自由に生きているのだ。

逞しきニッポンのサケ！　ウチの近所のスーパーでは、特大切り身ひと切れ150円也。雄大なスケールまで味わうとしたら、気の毒なほど安い。

第三章　冬

オレサマ流レシピが競い合う、イクラの醤油漬け

ルビー色の輝きを見せ、生の筋子が店頭を飾っている。これをバラバラにほぐして醤油に漬けたらイクラの醤油漬け。ふだんは台所仕事などなさらぬ河岸のオッサンたちも、これだけは晩酌用につくるらしい。ところがレシピを尋ねてみると、同じ答えが返ってきたためしがない。

その1「バラバラにほぐす」。ひたすら手でほぐすという方がいる。その答えをもって、ほかの方に問えば、いや、ボウルに40~50℃のぬるま湯を張って、そこに浸してほぐすんだ。また別な方は、ぬるま湯じゃなく塩水だ、日本酒だ……、という具合。

その2「ザルにあげて水気をきる」。1分派~一晩派まで。

その3「醤油に漬ける」。醤油少々を回しかけるだけ。ヒタヒタの醤油に漬け、少し時間をおいたら醤油を捨てる。醤油ではなく煮きり(醤油と酒、あるいはみりんを足して加熱後、冷ます)を使う。これも少々派~ヒタヒタ派まで。

いずれのオッサンもオレサマレシピにそれなりの理由があって自信満々。だれそれさんのレシピを伝えようものなら「そんなのトーシロー」と、ますますお鼻が高くな

る。イクラづくりとは、自信満々オレサマ流レシピ跋扈《ばっこ》の世界なのだ。

ゆえに、適当にことを運びたがる性分の私としては、適当にいいとこ取りプラス若干のオリジナルでつくっている。

すなわち、ほぐすのは温めた塩水に浸して。で、割り箸4本でグルグルかき混ぜる。すると、箸に筋子をおおう膜がこびりつく。これを水で洗い落としながら作業を進める。その後、冷水を何度も替えて、モヤモヤした膜の切れっぱしを洗い流し、ザルにあげて冷蔵庫で1時間。で、ここからがオリジナル。醤油と紹興酒半々に割った中華風煮きり？に浸す。紹興酒の複雑微妙な風味が、イクラの脂にマッチしていい感じなのだ。

オッサンたちにこのレシピを披露する。身ぶり手ぶりまじえてそりゃもう熱っぽく。それでも「フーン」と気のない返事は想定内である。イクラにおけるオレサマレシピの牙城《がじょう》はかくも堅牢なのだ。私流もかなりいけてると思うんだけどさ。

〝トンガラシ海老〟のシンデレラストーリー

人間と同じで、魚の世界にもシンデレラストーリーがある。なにやらドンクサイ女の子が、魔法の杖のひとふりでアイドルになっちゃった、みたいなお話が。たとえばですね、お地味な地魚に過ぎなかったシタビラメやマトウダイは、ソールだサン・ピエールだなんて呼ばれ、フレンチの魚メニューのセンターだ。アカザエビはイタリアンご用達となり、ちっとやそっとじゃ手の出ない超高級エビに。

そして、旬を迎えた国産のアマエビも。殻をむいて口にふくめばヒンヤリトロリ、甘くって。生で食べるエビの醍醐味ここにあり、のアマエビよ、オマエもそうだったのだ……。

先日、銀鱗文庫の図書を整理していたら、築地市場のエビの組合が昭和34（1959）年に発行した『海老の知識』という小冊子が出てきた。ここに衝撃の事実がのっていた。「トンガラシ海老（アマエビ）」として。利用法は「惣菜用天ぷら」とそっけない。刺身は、寿司は、とつっこみたくなるが、言及なし。こういう時、築地は便利。このくらいの時代の生き証人ならちゃんといる。まさしくその通りであったという。唐辛子みたいに真っ赤だからトンガラシ。トロリとした食感から推測できるように水分が多く、天ぷらにすると縮んでしまう。そこで、ま、大衆食堂の天ぷら程度なら、という使われ方だったという。そして十数年を経て、生食がいけるという産地情報が伝わり、人気のエビに成長したのだった。

とまあ、私、魚たちの過去をあばくのが趣味である。人間界と同じく水産界も、いつもシンデレラを待っている。新しい価値観という脚光を浴び、スターに育つ魚たちを。だから過去を学んでいる、というほど、私、りっぱじゃなく、ワイドショーみたいなおもしろみがあるからだ。それでいて魚たちのストーリーには、人間と違って、その後によくある転落の人生がない。安心してみてることができるんだもん。

日本人はマグロを食べ尽くしてきただけではない

築地市場のなかにある小さな図書室「銀鱗文庫」。蔵書の多くは水産関係の本だが、発行年の多くは昭和で、戦前のものも珍しくない。昭和で時が止まったような図書室で、この1年、はまっているのが水産年鑑や年報である。まとまれば魚の歴史年表にもなる。けっこう面白い。そして読むうちに突き当たった疑問がある。はたして日本人はマグロを食べ尽くしてきたのだろうか、ということに。

日本は世界一のマグロ消費国だ。ことにシーラカンスなみの資源量が取りざたされるクロマグロは、世界総生産量の九割ほどを消費しているという。なにやら肩身が狭い数字である。

しかし、年鑑や年報を通して浮かんでくるのは、また別なマグロ像である。

日本が近海に回遊してくるマグロを本格的に獲り始めたのは江戸時代になってからだ。帆船での漁は、明治、大正にかけて鋼鉄の船となり、機動化、大型化が進み、漁獲量も増えていく。

しかし、なんといっても大きく飛躍するのは昭和初期、ツナ缶の材料であるマグロを必要としたアメリカに販路を得てからだ。『昭和15（1940）年版水産年報』では、外貨獲得のための最重要な水産物としてマグロを位置づけている。当時の日本は獲ったマグロの多くをアメリカへ輸出しており、アメリカは世界一のマグロ輸入大国だった。ツナ缶の材料はおもにビンチョウマグロであり、それを世界の海へ追いかけ、日本のマグロ漁は大きく発展したのだった。

第2次大戦中こそ輸出はストップするが、戦後すぐに再開。マグロは敗戦国日本が立ち直るための希望の星だった。

刺身としての国内消費が増えていくのは、1960年代に入ってからだ。それからは日本の目利きと技術を世界に伝播していく時代といってもいい。

スポーツフィッシングの対象でしかなかったボストン沖のクロマグロに、あるいはオーストラリアでツナ缶用としてぞんざいに扱われていたミナミマグロに、刺身用としての高い商品価値を見いだしたのは、日本の目利き力である。

そのオーストラリアで1970年代、畜養という画期的な事業が始まるが、ノウハウを考え、指導したのは、築地市場の卸会社で働いていた平原秀夫氏である。マグロ牧場をつくるという壮大な夢物語を抱いてオーストラリアに渡り、商業ベースにのせた。畜養の本拠地のポートリンカーンにはマグロ御殿が並んだ。畜養技術はさらに地中海全域に広がり、マルタなどの小さな島国にとっては基幹産業になるまでの発展をみる。

2002年（平成14年）には、30年もの歳月をかけた研究の末、和歌山県の近畿大学水産研究所がマグロの完全養殖に成功。それに続けと、今現在、日本の近海にはいくつものマグロ養殖場が誕生。築地市場でもたくさんの養殖マグロが扱われている。

昭和初期、国際舞台へ躍り出てからのマグロを知ったとき、柄にもなく、浮かんだのは「有為転変」という言葉。仏教用語で、万物は定まることなく移り変わるという意味だ。日本人は決してマグロを食べ尽くしてきただけではなかった。仲卸の店頭で、そんな歴史を物語るように大切に扱われるマグロを眺めながら、つくづく思う。日本のマグロとのこれまでを、国際社会はどう評価しているのだろうかと。

イカの胴にあれこれ詰めたくなるのは、本能?

漢字で書くと槍烏賊。槍の穂のようにほっそりと長い胴だから。そのヤリイカに較べて胴がチト寸詰まりのヤツがケンサキイカ(剣先烏賊)。なるほど剣の先は槍の穂より短い。スルメイカは、干して鯣《するめ》にするのが昔からさかんなので、鯣烏賊。イカは広く親しまれてきた水産品だから、名前もすこぶる単純明快である。

しかし、頭をひねってしまうのが烏賊という文字。カラスの賊とはこれいかに。80年代に黒ずくめのファッションが大流行、カラス族なんて呼ばれましたけど。それとは違って「賊」。山賊、盗賊の賊である。

中国の古い書物によると、イカはカラスが好物で、死んだふりして水面に浮かび、カラスが餌と思ってちょっかい出すや、水中に引きずりこんで食らってしまう、とされていた。そこで、カラスにとっての賊、すなわち烏賊。

でも、逆じゃないですかねぇ。

某日、ベランダの物干し竿にヤリイカをつるして鯣をつくろうと試みた。ヤリイカでつくる鯣は、スルメイカのそれより上等で、一番鯣と称される。今夜は鯣で熱燗かしら、などとソファでウツラウツラ。と、突如、すさまじい物音が。窓の向こうを見ると、カラスがヤリイカめがけて空中戦を展開しているのだった。駆け寄ったときは、すでに遅し、カラスのヤツ、戦果を嘴《くちばし》にしっかとくわえ、去っていったのだった。カラスのほうが賊であった。

ヤリイカは、イカのなかでもユニークな存在である。通常、水産物は卵を持つと身が痩せてくるので嫌われる。卵を持ったそれを、河岸では子持ちと呼ぶが、ヤリイカに限って、ことにすし屋さんには圧倒的に子持ちが人気である。暮れから入荷は始まっているが、子持ちとなるのは春。それまで鼻にもひっかけないそぶりであったすし屋さんたちが、箱の前に腰をかがめて子持ちであるかどうか、そりゃもう熱心にチェックとあいなる。

すし屋さんの手に渡った子持ちのヤリイカは、印籠と呼ばれる伝統の仕事をしたすしに変わる。さっと煮ころがして、胴に酢飯を詰めるのである。最近はレアっぽく仕立てるのが流行りらしく、切り口から卵がトロリユルユル流れ、そこが賞味のポイントとなる。

すしダネにするイカは、アオリイカにケンサキイカ、スミイカとほかにもいろいろあって、生で使うのが通常だけど、ヤリイカの場合は、身が薄いこともあり、煮て印籠とするのである。

たしかにヤリイカは煮ておいしい。下手して煮すぎても固くならない。大きなヤリイカをぶつ切りにする。皮はむかない。むいてしまうと、イカらしい香りが半減してしまうから。そして甘辛く煮ころがす。煮汁にはイカのうまみが移っており、その煮汁にからませるようにして焼き豆腐もいっしょに炊けば、なんとなく懐かしい味のおかずができる。

こぶりのものは、足を引き抜くと、なにかしら胴に詰めてみたくなる。酢飯を詰める印籠だけではない。パン粉や玉ねぎのみじん切り、ハーブなどを混ぜ合わせたものを詰め、トマトソースで煮るのは、イタリアの伝統料理だ。イカを数える単位は杯。昔の酒器は、イカの胴のような形をしており、杯の字があてられたのだろう。酒器にまんまんと酒を注ぐように、あれこれ詰めたくなるのは、料理的本能かもしれない。

無愛想なダンマリ屋のナマコが〝黒いダイヤ〟とはねぇ

はるかな昔。大小の魚を集め、神様が天の神への服従を誓わせた。

「ヘイ、よござんすとも」

「ハイハイ、もう天の神さんの言うことでしたら」

ヒラヒラ舞いながら、口々に答える魚にまじり、ひとりダンマリを決め込むものがいた。ナマコである。真一文字に口を結び、ウンともスンとも言わない。この様子にカッときたのはアメノウズメノミコトだった。アマテラスオオミカミが岩穴に隠れ、この世が闇になったおり、岩戸の前で舞い踊り、アマテラスさんをおびき出したあの女神さん。このたびは、ナマコの口を切り裂いてしまった。あわれナマコの口がイソギンチャクみたいにギザギザの形になったのは、それからなんですと。

木枯らしの訪れとともにシーズンが始まるナマコ。店頭に置いた箱をのぞけば冷たい水底にゴロリ。いにしえびとがダンマリの物語をこしらえたくなるのも無理ない無愛想な姿である。

しかし、ひとたび酢の物にでもすれば、なんともいえない滋味風味。ことにあの香りはクセになる。ザクザク切って、豆苗《とうみょう》なんぞといっしょにサササッと炒めると、トロンとコラーゲンの固まりみたいになって、香りはいっそう際立つ。中国料理の干しナマコより、ナマコを味わうならコッチと自画自賛してるのだけど。

そうはいっても、メインを張る食材ではないだけに、目立たぬ存在であったが、ここ数年は、なにやら身辺、慌ただしい。

「高いなぁ、買えないよ」

気がつけば高値となり、お客さまの声も湿りがちだ。

「もう少しすると値は落ちつきますよ」

笑みを顔に張りつかせ答えていたものの、入荷はめっぽう少なく、高値安定が続く。

ナマコは体表の色から赤ナマコ、青ナマコの2種類がある。築地では、赤のほうが柔らかく、身も厚めだとして人気が高い。値段も青より高いが、それでも赤というお客さまが多い。ところが、赤の入荷たるや微々たるもの。青も以前に比べるとかなり少なくなっている。

「やられてるよなぁ、中国に」

「生でオレラに売るより、干して中国へ売るほうがずっと金になるってんだからさぁ」

干しナマコにして中国へ輸出するために、国内では品薄となり、相場が上がっているのだ。いつぞやは盗難騒ぎまでおき、新聞には「海の黒ダイヤ窃盗団」の文字が踊ったものだ。

無愛想なダンマリゴロリが海の黒ダイヤとは……。

しかし、たしかにそうともいえる。ナマコは乾燥させると、中国料理を代表する高級珍味。朝鮮人参なみの薬効があるとされ、漢字で書くと「海鼠」。フカヒレ、干しアワビ、ツバメの巣などとならび称されている。

もっとも日本での干しナマコづくりも、中国への輸出も、今に始まったことではない。古くから日本近海のナマコは優秀な素材で、江戸時代後半に出版された『日本山海名産図会』には、大釜でゆでて干すまでの干しナマコづくりがリアルに描かれている。干しあがったものは長崎へ回送、長崎から「俵物」として中国へ高値で送られていた。幕府にとっては大切な外貨獲得の品であった。

そんな歴史もあり、経済力を増した中国としては、輸入に拍車がかかるというわけだ。

毎年の暮れ、女友達から電話が入る。

「今年も、5キロ、ナマコをお願いね」と。

夫婦ともども長崎出身で、正月にナマコは欠かせないんだそう。江戸の時代、積み出し港の長崎でナマコはご禁制品、手の出せぬ食べ物。そのウラミを晴らそうと、やっきになって食べているんでしょ、とからかっていたが、その注文もここ数年は見送りとなっている。

ナマコよ、この現状をどう思う? 今度こそ、口を開いておくれでないか。

そのスープ、口に漂うは天女の羽衣か

カメノテは、ウニの味がちょっとした。ボラのヘソは、甘辛に煮た。マンボウの腸は、酢味噌で和えてみた。

市場にいるんだもん、なんでも試してみなくちゃ、と、我が胃の腑に銘じてある。しかし、いまだ果たせぬモノがある。

スッポンだ。

スッポンは、アユやウナギなどの淡水魚が専門の店で扱っている。どこぞへウロウロ逃げぬようにと、たいていは箱や桶のなか、丸くちぢこまっている。さてと、売り先が決まれば、目方を計るために、秤の上に。

「レレッ、オイラ、なにされんだよぉ」てなことで、スッポン君たら、首をやおらニュウッ。顔を右に左に。キョトンとした目は愛嬌たっぷりで、ペットにしたい愛らしさ。どうしてわが手で料理できようか。

続いてスッポン君、台のうえでひっくり返った。ここでいつも、私は息をのむ。あらわになったお腹の、まぁ、艶《なまめ》かしい色ったら。白地に薄桃のまだら模様は、湯あがり餅肌女の胸の色。甲羅がまるで藻が漂う泥池の色をしているから、その対比はよけい衝撃的だ。

ついあらぬことを連想してしまう。たとえばさ、シブチンの高利貸しのジイサンが、シブチンのくせして若い妾なんぞ囲ってて、女の家に行くとなった晩、その前にこっそり食べるのは、きっとスッポン。「ヒヒヒ、精をつけなくちゃ」とか言っちゃって。オォ、イヤダ、ヒヒオヤジめ。清く正しく生きてきたこの私が、なんでスッポンへ手をのばす気になれようか。

しかし、人生、もののはずみってのはあるもので、ついにスッポンを料理することになってしまった。

「今、スッポンはほとんど養殖で、浜名湖がいちばんの産地。天然は、冬眠に入る直前の秋がいいっていうけど、やっぱり鍋やスープにするから、食べるなら冬だよね」

と某店で、スッポンを前に、立ち話。

「まずスープをとるでしょ。コラーゲンのかたまりみたいなスープでさ、それ食べると、肌なんてツヤツヤ」

たっぷり話を聞いて、手ぶらじゃ帰れない。まして美肌効果とくれば、ヒヒオヤジも吹っ飛ぶというのが女の法則。1匹、購入することにしたのだ。

スッポンはおろしてもらった。おろすことを、スッポンの場合、「ほどく」という。首を落とし、甲羅をはずし、脚を、手を、残酷という言葉を思い出す間もなく、さばく技は、ほどくという言葉がなるほど似合う。

さて、どう料理するか。

うちに戻って、料理書をひっくり返すうちにたどり着いたのが、母の本棚からこっそり抜いてきた主婦の友社刊『実用百科事典』。昭和42年発行の主婦向けの一冊。当時の主婦はスッポンについて、こんなにも詳しい知識が必要だったの？ と首をひねるほど、ていねいに書いてある。

といっても、大鍋に水10カップ、清酒なんと5カップ。ほどきスッポンも入れて、ひたすらアクをすくいながら煮るだけ。必要なのは忍耐。アクをすくい続けること、小一時間。肩がこりました。さらに煮ること1時間半、甲羅や頭など食べられない部分を取り除き、塩で調味。漉すと、透明なスープに仕上がった。

スープをひとすすり。あっとのけぞった。口中が、まるで天女の羽衣で覆われたような快感に包まれたのだ。スッポンのエキスだもんなぁ。なんかムッチャききそう。ひと晩置くと、みごと透明なゼリー状に固まった。

冬の市場は冷える。夜はスッポンのお汁《つゆ》だ。ゼリー状の例のヤツを、お玉でひとすくい、水をお玉で2杯、がひとり分。酒と醤油少々で味を調え、熱々をお椀によそう。ねぎ、生姜の搾り汁、柚子、そして焼き海苔もたっぷり。フーッ、あったまる。体の芯に、天女の羽衣が漂っていく。うっとり目を閉じると、もうヤダッ、ヒヒオヤジの顔が。よしてよ、私はあったまりたいだけ。ツヤツヤお肌のため。冗談じゃない、アナタとは違うのですッ！

真っ赤でどんくさいお人好し顔なれど……

人形は顔が命。魚へも、ついそんな目で。

颯爽とした男前はぶり。百万石の殿様顔はまだい。挑むような目をしたほうぼうは、歌舞伎役者の市川海老蔵さん。

そこいくと、きんめだいは……。名前のとおり、目の大きさが特徴だが、どう見てもバランスに欠けるデカサで、おまけに表情に乏しい。全身これ真っ赤で、控えめということを知らぬ。赤いばっかりに、タイ呼ばわりされても、「そうでっか」と甘んじてる、どんくさいお人好し顔である。

地球上の何万という魚は、学者さんの手で、「目《もく》」とか「科」といった単位で分類されている。まだいは「スズキ目」。きんめだいは「キンメダイ目」。分類学の世界で「目」の単位は、ヒトとウサギほどの差があると、愛用の魚図鑑にあった。

そのとおり、アヤカリタイに甘んじてることたないの。もちっとキリッとせい！

あぁ、こうもくさしてしまうのは、要するに、私、この魚に惚れているのである。

その味にすっかりまいってるのだ。

肉質は白身、プリプリッとか表現する食感には欠けるものの、旬となる冬場なぞ、脂がのり、うまみ濃く、余韻にはほのかな甘味すら。近ごろは、この味のよさが知れ渡り、高値となったのは、きんめのために喜ぶべきだが、私にはシャクの種。

さて、台所で向かいあえば、とたんに私は、混乱のきわみと化す。煮つけ、刺し身、昆布締め、蒸し物、あら煮、ムニエル、しゃぶしゃぶ、ちり鍋、アクアパッツァ。たまの逢瀬に、きんめ似合いのあらゆる料理が頭にチカチカ点滅しだす。ゆうに2キロ近くもあるりっぱなきんめだ。夫婦二人で3日は楽しんでやれ、楽しむべきだ。あれをこうして、なにをどうして。考えるうちに、もはや頭がはち割れそうになる。

そして、結局は、いつものパターン。

つまりです、3枚におろし、さらに背と腹に分け、欲張りなメニューとなる。

初日。2品食べる。背側の一つを刺し身にする。そして、尾っぽ近くの身を酒蒸しに。これは香港で魚好きのマダムに習った味で、皿にのっけたきんめにお酒をふって電子レンジでチン。そのまま食卓へ運び、ラップをはずせば、フワリ漂う湯気もごちそう、という楽チン料理である。

2日目。背側のもう一方で昆布締め。初日に仕込んでおいたもので、昆布の風味が染み、身も締まって、刺し身とはまた違う「きんめ力」が味わえる。

3日目。ごぼうとのあら煮。これも、初日に煮てしまう。冷蔵庫に入れっぱなしにしておいたそれは、味がなじみ、ことにごぼうはきんめのために存在しているのだ、と涙するほどおいしい。煮汁はプリンプリンの煮凝りと化し、これを熱い白飯にかけ、締めとなる。

甘辛の醤油色ににじんだ白飯をかきこみ、渋茶をすすって、ハッと気づいた。面食いなぞと言い散らかしてきたわが人生である。しかし、思えば心を許した男たちは、みんなどんくさかった。やっぱ、きんめは一等賞魚。

師走の千両役者にキリキリ舞い

寒波到来。水っぱなをすすりあげちゃあ「コンチクショウ、なんだよ、この寒さは」と、ひと吠えしては、寒とやらをへこませる。吹きっさらしの市場、寒さはハンパじゃない。それでも暮れはいい。市場人たちは走る、奔《はし》る。かきいれどきがやってきた。場内仲卸。店に届いた魚箱。氷を払い、出てくるのは寒ブリだ。これぞ師走の千両役者。まったく役者だよ、こいつは。なんたって眼がいいや。挑んでくるような、肝っ玉のすわった眼だ。背をさすってやれば、ピーンと張りがあって。まん丸で厚みがあって。包丁を入れると、真っ赤な血潮。腹には脂。北の海でしこたま餌食って、荒波を暴れ泳いできた証だ。

いやいや役者っぷりは、これだけに止《とど》まらない。市場人に気がかりなのはなんたって入荷状況。いいようにそれを弄《もてあそ》んでくれるってのもこいつだ。暮れの築地が追いかける寒ブリは、北海道まで昇って、日本海を南下するそれ。佐渡で定置網漁が本格化するのが12月早々、次いで富山湾。ブランドネームとなった氷見や隣の七尾が水あげ港だ。最年末に向け、相場はジリジリ上がる。時化《しけ》ともなれば、いきなりピーンと跳ね上がる。客の渋い顔が眼に浮かび、相場に八つ当たりだ。

ま、それぐらいならいつものこと。とんだ番狂わせの年もある。あれは２００７年のことだっけ。クリスマスが近いってのに、佐渡でも富山湾でもほとんどあがらない。やや身質は劣るが、福井の巻き網でとれたブリでしのぐしかなかった。今年は不漁、と諦めたとこへだよ、28日のせり場に、いきなり氷見ブリ１０００本以上が登場。さんざっぱらジリジリヤキモキさせといて、暮れのどん詰まり、大舞台に穴をあけずにすますとこなんざ、見あげた度胸だよ。市場人はホッ。これで年も越せるぞと。かと思えば豊漁で、ホクホクさせてくれた年もあるが、やっぱり市場人に印象深いのは、人間と同じで、キリキリ舞いさせられた年《やっ》のほうだ。

さて、今年の役者っぷりは、いかばかりだろうか。

大勝負の師走。数の子、酢ダコ、練り物が躍り出す

ですか。

「たいしたことねえよ」は、市場の常套句。大阪商人の「ボチボチでんな」ってとこのだ。場内の通路はターレで渋滞、そこを縫って血みどろ前かけ姿の若い衆が走る。

その「たいしたことねえよ」を「まあまあ、グフフ」へ駆け登るのが、12月っても旦那もしゃあない、走る、走る。

大勝負の月。鮮魚やマグロなど、生物《なまもの》を扱う店の決戦は、クリスマス前まで。忘年会やクリスマスメニューへ向け、高級マグロに白身魚、エビカニの甲殻類にウニと、算盤勘定のはね上がるごちそう魚がどんと売れるのは、この時期以外にそうはない。

それを過ぎれば、最後の大詰め、正月用だ。店の前へしゃしゃり出るのは、数の子、真っ赤な酢ダコ、ルビーに輝くイクラ、冷凍のエビやカニ類。鮮魚よりも加工品や冷凍品が幅をきかすことになる。

わけてもこの時期、動きが慌ただしいのは練り製品や珍味の店だ。仲卸の数としては少ないが、蒲鉾やだて巻き、田作り、昆布巻きと、お節《せち》はこっちにまかせとけの勢

い。知り合いの練り製品の店もこぞってねじり鉢巻きで注文伝票など睨み、話しかけてもうわの空だ。築地は小田原蒲鉾が主流なので、私も正月用に丸う田代か山上などの銘柄から上物のどれかを狙っているが、それも遠慮の暮れである。

正月へ、正月へ。通路を埋める上気したひとの群れ。

この年末商材に照準を合わせ、恒例の大展示会が開かれるのは、9月のこと。殺風景な合物塩干《あいものえんかん》のせり場が紅白の幕で飾られ、およそ720メーカー、7000アイテムがならぶ。玉手箱に山と積まれた数の子を先頭に魚卵製品の数々、お節のあらゆる縁起物、マグロにカニにサーモンに。バイヤー、市場関係者など入場者数5000人を超す一大イベントである。

汗ダラダラ流しながら、野次馬半分の私が、正月には早すぎる、とため息つけば「ウチラ、正月あけには、来年のお節に向けて動きます」と、メーカーさんに諭されるのも、毎年恒例のことである。

実は仲卸も、デパ地下にならぶようなお節の食材への注文を得るには、それに倣え、の昨今である。お節のカタログ撮影は夏なので、春にメニューは決まってしまう。そのためには「2月には営業かけなきゃ」と。

1年サイクルで準備されるお節。昭和の母たちは、どんな思いで眺めることだろう。

子供のころを思い出す。親戚一同集まっての餅つきが28日。その夜、干し数の子やら乾物をもどすことから、お節づくりが始まった。翌日は、練炭火鉢で黒豆を煮始め、そのかたわらで紅白なますをつくり終えると、黒豆をちょこっと脇へよけて、ゴマメを煎る。夜は締めサバに塩をふり、お煮染めの野菜の下ごしらえ。そんなふうにして、大晦日のお年とりのごちそうを囲んだあとも、母は台所でなにかしら残した仕事をやっていた。おそらく昭和の母たちは、だれもがそんな暮れを送っていたのではないかしら。

4日という間、お節に向かっていた母。そんな縛りから解放され、ひとに委ねる平成のお節は、実のところは1年がかり。4日と1年と。平成お節のただなかにいる私は、いつも不思議な気持ちにとらわれる。

もっとも市場の女たちは、4日も1年も埒外《らちがい》だ。30日までが仕事なので、大晦日にガス台3口全開で、やっつけるというか。ま、それはそれで商売繁盛のあかしというもの。グフフなことである。

初荷の日。私を江戸へ連れてって！

築地市場は5日に明ける。

その日、セリ場からあがってきた荷には、松竹梅やら朝日の模様の小旗がピラピラ。それを売り場に飾れば初荷の気分。こざっぱり散髪をすませた男衆に、頬のふくらみを取り戻した帳場のネエサン、暮れの殺気だった雰囲気はどこへやら、年明けしばらくは長閑《のどか》に時が過ぎていく。

年賀の店回りで目立つのは浜の荷受けや商社マン。ピシッと決めたスーツ姿だけど、ズボンの裾は長靴にたくしこみ……。ハイ、これが市場の正装である。

売れてる店の親方が、若い衆を引き連れてやってくるのも、恒例のこと。「ソラ、親方だ」と、店は色めきたつ。あちこちからの「おめでとうございます」の洪水に、腕なぞ組んでうなずく親方もまんざらではない様子。なにせ〝オッツケ〟をいつも受けてくださる親方だもの。ここはにぎにぎしくお迎えするのが務めってものだ。

ちなみに親方とは、料理長のこと。外の世界では和食の料理長でもシェフと呼ばれる時代だが、ここでは昔ながらに親方と言うほうが通りがいい。

オッツケとは、注文外のものを無理を承知で買っていただくこと。「押しつける」すなわち「オッツケ」。

売れる量を見込んで仕入れるのが筋だけど、そうはいかぬのが商いだ。休み前なぞ意気込んで仕入れても、大雪でも降ろうものなら売れ行きサッパリ。血相変えて電話のしまくり、オッツケ算段となる。もちろん受けてくださる店への日頃のお返しは大切で、難しい注文でも奔走して間に合わせる。こうした持ちつ持たれつの関係が生まれるには、時間がかかる。市場で一見客がなかなか相手にされないのは、いわば人情がらみの商習慣で成り立っている部分もあるからだ。

しかしなぁ、年が明けると荷はあまり動かない。浜の漁師は正月七日、松の内までは、おおかた休み。時化《しけ》が重なることもあり、入荷量はめっぽう少なく、価格はグンとはねあがる。安い部類に入るコハダでさえ、暮れのキロ千円ちょっとから明けは2倍3倍だ。

「なきゃしようがないからなぁ」

ぐちるすし屋の旦那に、

「ほんのいるだけってことにして……」

こちらから買い控えをすすめるほどだから、動かないのも道理である。

ま、こうして市場の新年は、地味に過ぎていくのだが、昔は違ったらしい。市場の古老が親から聞いた話をしてくれた。江戸の終わりから明治にかけて、日本橋魚河岸時代の話である。

初荷は正月2日。昼をあざむくがごとくに高張り提灯を灯した店先には、木の香清々《すがすが》しい盤台《はんだい》に祝儀物のタイやらアワビを高々と積み、店によっては振る舞いの酒樽も用意した。午前3時を過ぎれば、通りは初荷の客で押し合いへし合い。ご祝儀をあてこみ、三河万歳や獅子舞までなだれこんでのお祭り騒ぎである。

「料理屋や茶屋の旦那衆というのは、派手好みでして、京御召や結城紬の衣装に博多帯や兵児帯《へこおび》を締め、銘仙の半纏をゾロリと羽織った粋姿。迎える店の衆は、木綿縞の筒袖に算盤染の帯、というなりが多かったそうです」

当時の年賀の挨拶に、店から渡す決まりものといえば、手拭いだった。

「おう、ちょっとひと回りしてくるかってね。先々でもらった手拭いで、旦那衆のふところはふくらんで。それだけ手拭いが集まるってことは、羽振りのよさの証明なんです」

振る舞い酒に頬をテラテラさせながら、ふところからずり落ちそうになる手ぬぐいに、ふんぞり返って歩く旦那衆。いいじゃないですか。可愛げあって。そりゃもうご祝儀がわりに、魚もバリバリ売れたろう。

あぁ、いいなぁ、正月はこうでなくちゃ。エ〜イ、誰か、私を江戸へ連れてって！

「走り」のために走り奔る京の仕事師

築地市場の季節は早い。残暑に汗みどろとなる時期に冬の魚が顔を見せ、凍える寒さのなか、春を告げる魚が届く。市場店頭に、晴れやかな顔して並ぶのは、そうした〝走り〟の魚たちである。

築地市場で、この「走り」という文字を「奔り」と書いてあるのを見た。奔走、奔放、速い流れは奔流と、同じ「はしり」であっても、ただならぬ勢いを感じさせる当て字である。

京都の市場には、まさしく「奔り」の字が似合いの「走り」と呼ばれる仕事師がいたという。昭和2年発行『京都市中央卸賣市場誌』という本に古老の思い出として紹介されている。鉄道がまだ敷かれていない時代のことである。

当時、大阪から京都へ魚を運ぶには、淀川の水運を利用した。支流の桂川へ入り、鳥羽街道口にあたる横大路草津の港で待ち構えたのが「走り」の男たちであった。その数100人ほど。魚の大きな荷を天秤棒にかつぎ、京の市場までの2里半(約10キロ)を「さまたげるものは鉄壁をも踏み破る勢いで走った」と、ある。いずれも筋骨隆々、赤銅色に焼け、褌《ふんどし》ひとつに多くは素足。明けやらぬ京の町に汗をしたたらせ、ホウホウのかけ声で宙を飛ぶがごとくに走るさまはオニに見えたか、泣く子に「鳥羽の走りに噛まそか」と言えば、ピタリ泣きやんだという。

それほどすさまじい形相であった。なにしろ一刻でも早く市場に持ち込めば、酒手にありつける。それこそ季節最初の品を先陣切って一番駆けすれば、祝儀のほども想像できるというもの。ドドドーッ、彼らの走る地響きが聞こえてくるようだ。こうして明石のタイやハモなどのおごっそう魚をかつぎ、「奔りに奔り」、京の料亭文化を支えたのである。

季節先取りのもろもろを、私たちは走りと呼ぶ。京の市場の「走り」のための「走り」。さすが和食の本流ならではのお話だ。

今、走り物はサンマのような大衆魚ですら、航空便でやってくる。早く早く、という気分はいや増すばかりだ。セリ場に並べば、今シーズン初の相場はと、鋭いいくつもの視線と評価にさらされる。そして毎度のご祝儀相場にため息がこぼれ、それでも完売にこぎつける高揚感。この雰囲気に呑まれてみれば、なるほど「走り」より「奔り」のほうが、しっくりいく。

走りを好む風潮は、昔からあった。ことに江戸の料理茶屋などは競って求めた。そのために野菜は室《むろ》に火鉢を持ち込んで育てる促成栽培までもがおこなわれた。魚は沖へ出て、成熟しないうちに獲ってくる。冬の魚でいうとサケ、アンコウ、シラウオ等々。季節を前倒しすればするほど、珍重され、高値で取り引きされたのである。こうした初物売り出しに対して、幕府は物価安定策のための禁令を出す。しかし、何度となく禁令は出したが、いっこうに守られなかったらしい。

そりゃそうだろう。日本は四季がはっきりした国。季語を大切にする俳句が生まれたように、季節感に敏感であり、その先駆けである初物を御馳走として愛でるのは、美しくも楽しい習慣。いつの時代も、お役人はヤボテンである。

さて、年が明け、正月5日は初荷、初市。オク越えという伝説相場を生んで以来、毎年、話題になるのはマグロの初ゼリである。マグロの高値に噂が走り、メディアの群れがそれを追いかけ、ひた走る。これもまた「奔る」を当てたくなる光景ですね。

ニッポンの魚離れを救うのは〝お魚男子〟だ！

「魚離れ」が止まらない。

でも一方で、「世界の魚好き」は、寿司ブームもあって急上昇。同じように海を泳いでいるのに、日本の魚は獲ってからの手当がきちんとしているし、目利きもすばらしい。彼らが狙うは日本の魚である。

築地市場の早朝、輸出する魚の仕分けに忙しい仲卸もある。先日は富裕層に向け、築地の魚を、とビジネスチャンスを求めてバンコクからやってきたバイヤーにお目にかかった。朝に築地で締めた魚を、その日のうちのディナーに出したいというのだ。

海外でモテモテなのである、日本の魚は。なのに、国内では魚離れ。

築地の食堂が外からのお客さままでいつも賑わっているように、魚は決して嫌われているわけじゃない。でも、家庭で食べることが減り、魚離れの大きな原因となっているのだ。女友達も口をそろえて言ってるしなぁ、うちではめったに魚料理はつくらないって……。

私は昨年の暮れ、久しぶりに仲卸の店頭に立った。暮れのことゆえ、素人さんも多く、顔なじみになるほど通ってくださる方も次々にやって来た。そして、ハッと思い至ったのだ。今はもう確信に近い。魚離れを打破するのは、男たち。弁当男子やスイーツ男子もいい。しかし、これからは〝お魚男子〟だ、と。

素人のお客さまは、男性が多い。

初回は「あのぅ、ブィヤベース、やりたいんですが」と、おどおど初々しい。初回にブイヤベース。こういう方、不思議に多いんだけど、いいとこ見せようとする男の見栄? はたまた深謀遠慮か。手始めに家族に御馳走をふるまえば、少々台所を荒らされたって、奥さまもその後を心待ちにするってものだ。

そして、それから大化けするのである。土曜休みの朝、いつしか仕入れ籠まで買い込み、笑顔で通うようになる男たち。そのうち、お手ごろ価格の小魚で煮つけ、安い小アジで干物、イカの塩辛と、魚料理の基本のきの字へと目覚めていく。出刃もいいヤツそろえたらしく、活魚の前で真剣な表情で品定めしたりして。そうやって腕を上げている、らしい。「このあいだ買った魚でつくった」と、そんなおひとりに携帯で撮ったメニューを見せられたときは、心から驚いたもの。プロ顔負けの料理が、画面に次々に表れたのである。

もともと男は、包丁を握って魚を料理するのに向いている。包丁これ刀。刀を持って似合うのは、やっぱり男でしょ。

「お魚男子」、かっこいいわよぉ。好きにおいしい魚が食べられ、かつ包丁が使えることで一目おかれる━だけじゃない。もっとすごい大義ってものがある。魚離れの防壁となるという大義が。魚離れは、日本の水産業の衰退に直結する大問題である。そこへ明日の水産業のために敢然と立ち上がるお魚男子。好きにつくっているだけで、誉れまで得られるのですぞ。

本命彼女のプレゼントにジュエリーなんて、野暮の骨頂。材料とマイ包丁をたずさえ、彼女のキッチンでブイヤベースなぞ決めて見せるのだよ。絶対、惚れ直すはず。

恍惚の時間。マグロ屋さんの〝包丁砥ぎ〟

別世界のことみたいに見入ってしまうのが、包丁砥ぎだ。恍惚の時間やね、これはもう。ステンの板っきれとしかいえぬマイ包丁が頭に浮かんで猛省をうながすが、きっちり払いのけ、アホみたいに見とれている。

とくにマグロ屋さん。ヒレを切り落とす出刃、身を半割りにする半切り（半丁）包丁、骨から身をはずすおろし包丁などが作業台にならぶ。砥ぐ前に、盛大にクレンザーを使って、柄から刃までしごいてしごきまくる。道具は荒縄を巻いたもので、通称「磨き」。マグロの脂を落とす荒療治である。

砥ぎにかかる。ほんまもんの天然の砥石だ。足をふんばり、砥石にかがみこみ、刃をすべらせていく。シューッ、シューッ。前に刃がすべるとき、音に合わせるように、上半身も前へ流れる。不思議なもので、雑音だらけの河岸なのに、ここだけは、強固なバリアを張ったみたいに静寂そのものとなる。砥ぎ手の額には汗が噴き出している。真冬のこととて私の体はツララみたいに冷え切っている。それでも立ち去れない。

毎日のことだから、包丁はすり減っていく。刃渡り1メートル近くの半切り包丁の終着点は、さくどりするための刺身包丁になる。多くは福井県越前市の越前打刃物師の特注品だ。関西の刺身包丁、「蛸引き」を異様なまでに長くした、といえるおろし包丁、そのお値段は刃10センチにつき1万5千円也。それがすり減っていく。小心者の私は、めまいがしそう。

これがプロの仕事ってものだ。

だけどヤモメのヤマちゃんがいつか言ってたな。

「仕事だから砥ぐけどよ、うちで切れない包丁でやってもなんとかなるもんなあ」

料理人が、うちで料理はやらないように、なかなかプロっぽい発言である。この言葉に勇気を得て、だから、わが包丁はステンの板っきれのまま。言いわけにはなってないけど。

河岸の賄いは、タイの頭で特製味噌汁

アソコンチに生まれたかった。子供のころ、何度そう願ったことか。おやつにケーキの切れ端を出してくれるお菓子屋のヨウコチャンチ。スズコチャンチはツケアゲ（さつま揚げ）屋で、遊びに寄った帰り、いつもオバサンがゴボ天一枚持たせてくれた。揚げたてをかじりながらの帰り道、フッとため息。アソコンチの子供だったら、いっつもこんなふうにおいしいものが食べられるのにと。

いえ、母の名誉のためにいっておくと、母はなかなかの料理好きで、おやつにフレンチトーストや焼きリンゴをつくっては待っててくれていた。なのに……。アソコンチ症というか。

大人になってからはしっかり封じ込めたアソコンチ症だが、河岸へ来て、またゾロ

蠢きだした。ことにマグロ屋の西誠さんの前を通るたびに。西誠さんは、昭和2年生まれの博子さんが帳場を預かり、息子が店を仕切っている。生マグロのみを扱っており、毎朝、息子と番頭さんがおろすそれは、素人の私にもわかる上物で旨そうったらない。しかし、マグロはお金を出せば買える。買えないものがあるのだ。

店が一段落した9時ごろ、西誠さんチでお昼が始まる。河岸のほとんどの店が仕出し弁当の世話になっているなか、西誠さんチは息子がつくっている。裏には小さなガス台、ダンベ（マグロを入れる冷蔵庫）の上には電気釜と、道具といったらその程度だけど、メニューは多彩。しょうが焼きの日あり、はたまたすき焼き、ブリ照り、野菜炒め……。ドンブリによそったホカホカ白飯におかずをドカンとのせて頬張る姿ときたら。ことに博子さんのカレーの日は、アソコンチ症に張り倒されそうになる。それはスペシャルな日で、博子さんが自宅でこしらえ大きな寸胴鍋ごと持参したものだ。博子さんによると隠し味ににんにく醤油とすりおろしたリンゴをたっぷり加えるそうな。流れるカレーの匂い。その時分の私ときたら、すきっ腹抱えてお使いに走る身。横目でカレーを睨むだけならまだしも、足までもアソコンチ、アソコンチとリズムをとるしまつ。あぁ、情けない。

イソップのきつねは、手が届かぬブドウをすっぱいものとして、諦めることのできる分別があった。キツネにも劣るってことか。

しかしキツネもじっと待ちゃよかったの。いつかはおいしい日が訪れる。私のいる店でも、この冬、ささやかながらおいしい日が始まったのだ。だれが言いだしたか、味噌汁をつくることになった。張り切りました、私。鍋とお玉を寄付。お金を出し合い、卓上コンロも買った。つくるのはマツエダネエサン。主婦歴も長いとあって料理上手だ。具は、持ち寄りで大根やわかめ、ねぎ、豆腐など。ありきたりのものだが、そこは河岸、だしが違う。活けのタイの頭を使う。カマには身がたっぷり残り、カブト焼きやアラ炊きに使えそうなやつである。ガツンと半割りにして下ゆでしたら、冷水にとってお掃除して、水からゆっくり煮出すのだ。タイの脂がギラギラ浮いて、いかにも濃いだしがとれる。といっても、実は廃物利用。お客さまのなかには、魚をおろして欲しいという方がいらして、そのおこぼれである。

まだできあいの弁当が盛んでなかった昭和の時代、西誠さんのように店でお昼をつくるのは珍しいことではなかった。店でつくらずとも、おひつのご飯にシャケなぞ添えておかみさんが運んでくる店もあったし、おむすびをお鉢に山と常備している店もあったと聞いた。ほんのちょっぴり昔に返ったということか。

河岸の冬は寒い。吹きっさらしで弁当をつかう男衆が、味噌汁をフーフーやりながらすすっている。私もひと椀だけ味噌汁をいただく。魚の旨味を封じ込めた河岸でしかつくれない特製味噌汁。指先までジーンとしみ渡る。まずはアソコンチ症も小康状態ってことに。

大誠

黄身醤油をまとった官能のヅケ東丼

冬

関西は白身、関東はマグロ。で、マグロをのせた丼を東（あずま）丼って言うんだ。こいつはクセになるよ！（「樋長」飯田統規さん）

材料

マグロ（赤身）のサク１本、ご飯、海苔、おろしわさび（できれば本わさび）、黄身醤油（醤油大さじ２、卵黄４個の割合）各適宜。

つくり方

1. サクを平造りにする。平造りにしたうちの半分は醤油に10分漬ける。
2. 平造りにした残りの半分は湯引きする。湯引きは、まな板にマグロをのせて熱湯をかけ、すぐ濡れ布巾で粗熱を取ってから冷蔵庫で冷やす。冷えたら醤油に10分漬ける。
3. 茶漉しに卵黄を入れ、スプーンでていねいに漉す。漉さないと食感が悪くなるのでていねいに漉す。醤油を加え、よく混ぜて黄身醤油をつくり、**1**と**2**のヅケを４〜５分漬ける。
4. 丼に温かいご飯を盛り、刻んだ海苔を敷いてから**3**のヅケをのせる。わさびを添えて完成。ご飯は、酢飯より白ご飯のほうがおすすめ。

ひと手間で旨くなる!
マグロの筋引きタルタル

冬

マグロの筋は手間がかかるから使わない人が多いけど、試してみて!
ガーリックトーストにも合うよ(「石司」中島正行さん)

材料

マグロ(脳天、尾の部分など。中落ちや筋ばった刺し身でもいい)200g、たまり醤油大さじ1、おろしわさび、万能ねぎ各適宜。

つくり方

1 筋は多いが、脂があって旨い脳天や尾の部分から、スプーンを使って身をこそげ取る。
2 1をボウルなどに入れ、たまり醤油を混ぜ合わせ、型に詰めて冷蔵庫で冷やす。
3 食べる直前に型から抜いてわさびをのせ、周りに小口切りにした万能ねぎを散らす。

カキ好きが泣いてよろこぶ ゆでガキさっぱりオロポン

冬

味重視なら、カキは洗わなくてもいいですよ。スダチを使ったけれど、なければ市販のポン酢と大根おろしでどうぞ（著者作）

材料

カキ、大根、スダチ、醤油、塩、万能ねぎ各適宜、小麦粉少々。

つくり方

1 ビニール袋にカキと小麦粉を入れ、カキに小麦粉をまぶす。小麦粉がカキの汚れを吸ったところで、冷水で小麦粉を洗い流す。

2 鍋に湯を沸かし、カキを入れる。カキの身がころんと丸くなったら、ザルに上げて冷ます。

3 大根おろし、スダチの絞り汁、醤油、塩を混ぜて味を調え、小口切りにした万能ねぎを加え、カキの上にのせる。カキと和えてもよい。好みで黒七味をふって。

超簡単！レンジでチンして本格イトヨリの清蒸

冬

材料

イトヨリ（小）1尾、塩、生姜、長ねぎ、紹興酒、香菜、胡麻油各適宜。

つくり方

1 イトヨリのエラと内臓を除き、背ビレの両側と腹に隠し包丁を入れ、下塩をふって、30分ほど置く。

2 大皿にイトヨリを置き、生姜の薄切りや長ねぎの青い部分を適当にのせて、紹興酒を上からざっとかけ、しっかりとラップをする。

3 電子レンジ（500W）で約５分加熱し、５分置いてからさらに２分加熱。香味野菜を取り除き、白髪ねぎと香菜をたっぷりのせる。

4 鍋で胡麻油を熱し、上から回しかける。そのままでもイケるが、好みでニョクマムをつけて食べても美味。

小ダイ、メバルなど白身魚なら何でもOK。魚の下ごしらえさえしてあれば、簡単にできるので、パーティーなどにも便利よ（著者作）

わが家の常備菜
旨味凝縮！ホタテの味噌漬け

冬

味噌は、少し甘いと感じるくらいがいい。味噌をつけてラップに包んで冷凍もできます。焼くときは自然解凍してから（著者作）

材料

ホタテ貝柱６個、塩適宜、味噌大さじ３、砂糖大さじ１、味醂少々。

つくり方

1 ホタテ貝柱をザルに並べ、軽く下塩をして30分置く。
2 味噌と砂糖を混ぜ、味醂で溶きのばす。
3 ホタテの表面の水気を拭き、**2**の甘味噌を全体に薄く覆うくらいなすりつける。チャックつき袋に入れて、ひと晩〜３日くらい冷蔵庫に置く。
4 表面の水気や甘味噌を軽く拭き、中火で両面をさっと焼く。好みで黒七味、スダチを絞りかけて。

冬の贅沢な味わい 白子のホットサラダ

白子はたっぷりのバターで焼いて、表面はカリッ、中はトロリンコの状態がベスト。ドレッシングは醤油に替えても（著者作）

材料

白子、小麦粉、バター、ドレッシング（オリーブオイル1：赤ワイン3：バルサミコ酢1：レモン汁½）、サラダ用野菜（ベビーリーフ、水菜など好みで）各適宜。

つくり方

1 白子に小麦粉をまぶす。フライパンにバターを溶かし、白子を入れて、スプーンでバターをかけながらこんがり焼き、取り出す。

2 フライパンの油を捨て、オリーブオイル、赤ワイン、バルサミコ酢を入れて弱火で半量まで煮詰め、レモン汁を加え、ドレッシングをつくる。

3 器にサラダ用野菜、白子をのせ、上から温かいドレッシングをかける。

ド迫力! カジキのコロコロステーキ丼

冬

カジキの脂ののり具合で、バターの量は加減してね。さっぱりしたキャベツが妙に合うはず。黒胡椒も合いますよ(著者作)

材料

カジキの切り身(大)1切れ、にんにく1片、バター大さじ1、赤ワイン大さじ1、ご飯茶碗1杯、砂糖少々、醤油、キャベツ、小麦粉、塩、サラダ油各適宜。

つくり方

1 カジキに下塩をして30分、一口大に切り、水気を拭いて小麦粉をまぶす。
2 フライパンにサラダ油とにんにくのみじん切りを入れて温め、香りが出たら、カジキを入れて焼き、余分な油を捨てる。
3 バター、砂糖を加えてフライパンをゆすりながらカジキにからめ、赤ワインを入れてアルコール分を飛ばし、最後に醤油をからめる。
4 丼にご飯を盛り、千切りキャベツ、カジキの順にのせ、ソースをかける。

ひと晩置いても旨い キンメとゴボウのアラ煮

冬

ひと晩置いて、汁が煮凝りになったころに食べるのもおいしい。最後は煮汁をご飯にかけて食べるのが、わが家の定番です（著者作）

材料

キンメダイのアラ（頭、カマ、腹骨など）1尾分、ゴボウ1本、砂糖大さじ1、味醂大さじ3、酒大さじ3、醤油大さじ3、塩適宜。

つくり方

1. アラに下塩をして30分置く。鍋にたっぷりの湯を沸かし、下塩を洗い流したアラを入れ、色が変わるまでゆでる。氷水に取り、血合などを洗い流す。
2. 鍋にゴボウの乱切り、ひたひたの水を入れ、先に軽く煮てから、砂糖、味醂、酒、醤油を入れ、アラを入れる。落とし蓋代わりに不織布のクッキングペーパーをかぶせ、中火で5～8分煮る。火からおろしたら、そのまましばらく置き、余熱で味をなじませる。

タイのカブトのアクアパッツァ

春

マダイの頭を河岸風に呼ぶとカブト。ウロコが残っていると口に当たるので冷水で洗うとき特に注意して落としてください（著者作）

材料

マダイの頭（カブト）1尾分、白ワイン100mℓ、アサリ20粒、にんにく1片、ブラックオリーブ、プチトマト、オリーブオイル、イタリアンパセリ、塩各適宜。

つくり方

1 タイの頭は1時間ほど下塩をしてからさっとゆで、氷水でウロコなどを洗い流す。

2 フライパンにオリーブオイルと潰したにんにくを入れ、弱火にかけて香りを出し、にんにくを取り出す。

3 タイの頭を入れ、スプーンで油を回しかけながら中火で加熱する。

4 白ワイン、アサリ、オリーブ、プチトマトを入れ、蓋をして強火にする。

5 アサリの口が開いたら出来上がり。イタリアンパセリを散らす。

蒸らすだけの簡単お手軽タイご飯

春

丸ごと1尾のタイご飯は見栄えがするけれど、骨をはずすのが面倒。そこで、骨なしのタイを最後にのせるだけにしました（著者作）

材料

マダイ（刺し身用）1サク、米1カップ、竹の子水煮、塩漬け桜、塩、昆布、木の芽各適宜、醤油少々。

つくり方

1 タイは一口大に切り、軽く下塩をする。竹の子は薄切りにする。塩漬け桜は、水につけて塩出しをする。昆布でだしをとっておく。

2 土鍋または炊飯器に、研いでおいた米を入れ、昆布だしで水加減し、竹の子を入れ、醤油を加えてふつうに炊く。

3 炊き上がったら、タイをご飯の上に並べ、塩漬け桜を散らし、蓋をして蒸らす。出来上がったら、さっくり混ぜ合わせ、木の芽を添える。

ご飯1対シラス1
黄金率のシラス飯

春

日南海岸はサボテン公園の食堂で知った味。白胡麻や海苔、大葉などを添えてみたくなるけれど、なーんにもいらん（著者作）

材料

シラス干し、ご飯各適宜。

つくり方

1 熱いご飯を茶碗に盛り、シラスをのせる。混ぜて食べる。

※シラスはケチらず、ご飯一粒ずつが、シラスまみれになるぐらい、たっぷりとかけることが肝要。ご飯１：シラス１というのが、究極の黄金比率。

ワタソースで和える
ホタルイカのパスタ

春

生ホタルイカの内臓がソースの決め手。ボイルものだと内臓の香りや旨味に欠けるので、生が手に入ったときにぜひ（著者作）

材料

生ホタルイカ、パスタ、ほうれん草、にんにく、赤唐辛子、オリーブオイル、塩各適宜。

つくり方

1 鍋に湯を沸かして多めに塩を入れ、パスタをゆで、引き上げる直前に食べやすい大きさにちぎったほうれん草を入れ、一緒に引き上げる。

2 フライパンにオリーブオイルと潰したにんにくを入れて温め、香りが出てきたら赤唐辛子も加え、焦げないうちに引き上げる。

3 目玉をはずしたホタルイカを入れて内臓を潰すようにして炒める。ゆで上がったパスタとほうれん草を加え、全体を和える。

意外な旨さにビックリ！
ホタルイカのパン粉揚げ

春

富山県で知った一品で、なぜかカキフライみたいな味。必ずボイルしたもので。生でやると、油がとんで悲惨なことに（著者作）

材料

ボイルホタルイカ、小麦粉、卵、パン粉（細目）、揚げ油、ウスターソース、ケチャップ各適宜。

つくり方

1 ホタルイカの目玉をはずしてから、小麦粉とともにビニール袋に入れて小麦粉をよくまぶし、溶き卵、パン粉の順で衣をつける。
2 鍋に揚げ油を熱し、弱火〜中火できつね色に揚げる。
3 ウスターソースとケチャップを混ぜてソースをつくり、添える。

ワカメとジャコのヘルシー炒め

春

材料

塩蔵ワカメ軽くひとつかみ、ちりめんジャコ大さじ3、酒大さじ1、醤油、胡麻油各適宜。

つくり方

1 ワカメは塩を洗い流し、さっと熱湯を通して、冷水につけて硬めにもどし、ザクザクと切る。
2 フライパンに胡麻油を温め、ジャコを軽く炒め、水気をきつく絞ったワカメを入れ、中火で炒め、酒を回しかけ、蒸発したら醤油で味を調える。好みで七味唐辛子をふる。

〝ワカメの炒め〟は、向田邦子さんが元祖だったと思う。ワカメの水分で油がはねるかもしれないので気をつけて（著者作）

だしたっぷり！キャベツ畑のアサリカレー

春

カレーにアサリを入れるのは、河岸のまかないの定番。カレールゥだけでもいいけど、カレー粉を加えて香りをアップ（著者作）

材料

アサリ300g、キャベツの葉３枚、プチトマト５個、カレー粉小さじ１、カレールゥ１〜２片、にんにく１片、ご飯、サラダ油各適宜。

つくり方

1. キャベツは手で大きくちぎり、プチトマトは半分に切る。
2. 中華鍋にサラダ油とみじん切りのにんにくを温め、香りが出たらアサリ、キャベツ、プチトマト、水少々を入れて強めの中火にして蓋をする。
3. アサリの殻が開いたら、カレー粉と刻んだカレールゥを加え、ひと煮立ちさせる。全体をざっくり混ぜ合わせて、出来上がり。もっとトロミが欲しいときは、小麦粉とバターを合わせたもの（分量外）親指の先ほどを加える。皿に盛ったご飯にかけて。

初ガツオのアボカド あられ大根和え

春

アボカドとマグロの相性にならって、カツオで。アボカドもカツオも柔らかいので、大根をあられに切ってアクセントに（著者作）

材料

カツオ（刺し身用）1サク、アボカド（完熟のもの）1個、大根適宜、醤油小さじ1、スダチもしくはレモンの絞り汁大さじ1、塩少々。

つくり方

1 カツオは一口大に切り、醤油をかけてヅケにし、冷蔵庫で冷やしておく。
2 アボカドを食べやすい大きさにちぎり、スダチもしくはレモン汁を絞る。
3 大根を5㎜角くらいに切る。
4 材料すべてをざっくり混ぜ合わせる。味をみて、塩気が足りないようなら、塩で調味する。好みでポン酢醤油をかけても。

第四章　春

桜マス、桜ダイ、桜エビ……。河岸もまた花盛り

花よりだんご。

落語『長屋の花見』では、たくあんを卵焼き、大根の漬物をかまぼこにみたて、お酒ならぬ渋茶を手に、お茶か盛りとあいなる。

長屋のご一行がまねた江戸セレブの花見弁当は、さてどんなであったろう。

太平のお江戸は今と変わらぬグルメの時代、料理本もいっぱい出版された。江戸後期に入っての一冊『料理早指南・花船集』には、おりおりに携えていく重詰めのレシピが綴られており、そこに花見弁当もみえる。ほかには「下屋敷（別荘）へ行く重詰」とか「船遊の重詰」とか。優雅な事例がつらつら並んでいるという本だ。

ゆえに花見弁当も、御殿女中もかくやの仕立てである。容器は塗りの提げ重で、一の重には、かまぼこに卵焼き。とはいえ、卵焼きは「かすてら玉子」なるもので、すりおろした山芋を合わせたカステラもどき。かまぼこは、魚のすり身にアワビのキモをすり混ぜた「わたかまぼこ」なるもの。長屋のご連中には想像つかぬ凝りようである。

ほかに「むつ子」。親勝りの別名があるクロムツは、身より卵が珍重される。そんな珍味にも抜かりがない。アユが川を遡上するころとあっては「若鮎の塩焼」なぞも。二の重には「桜鯛の早鮨」。三の重にはヒラメやサヨリのお造りもみえる。

こうしてそれぞれのお重は、旬の海の幸をベースに、早蕨《さわらび》、嫁菜《よめな》、土筆《つくし》など里山の幸を配して、まるで一幅の絵を見るようだ。

さて、私ならどうしようぞ、なにつくろ。

河岸では、若い衆は半袖姿で汗流す日々となり、店頭には桜と名のつく魚が目にとまる。ならば桜尽くしでまいりましょうか。

筆頭にあげたいのは、桜マス。目方は1～2キロ。背は銀をまぶした薄墨桜といったところで、身を割れば緋色とまっこと美しい魚である。河川で誕生し、海へ降りたのちはサケのように大回遊こそしないが、再び河川を昇り始める春が旬。脂がのって焼いても旨いが、イチ押しはマリネでしょうか。生は寄生虫の心配があるので、さく取りして塩をして一晩、冷凍庫へ（ルイベにするわけ）。ガチンガチンに凍ったものをさまざまな香味野菜でおおい、ヴィネガーとオリーブオイルをかけて丸一日冷蔵庫で自然解凍。食感はしっとり、えもいわれぬ味となる。

おっと、ふくれっ面のマダイ。そうそう、アンタも、今の時期、桜鯛と呼ばれてるんだっけ。そして、産卵を前にした今の時期がおいしいと。でも、本音をいうと、産卵の少し前、厳寒期のほうがもっと美味。筆頭にすべきか、ちょっと迷ったわけ。

それならと、マダイを横目で睨んでいるのは花鯛さん。マダイのそっくりさんで、標準和名はチダイ。マダイとは旬が違って、桜の時期から夏に向けてがおいしく、花鯛の別称がある。

ここは両者をたてまして、桜鯛（マダイ）は桜の葉に包んで桜蒸し、花鯛（チダイ）は尾頭つきの塩焼きといきましょうか。

エビへと移れば、静岡県駿河湾からの桜エビ。禁漁明けの4月には、生での入荷がある。この生の桜エビでつくるXO醬ときたら、エビの香りと旨味が凝縮したすごいソースとなるが、私の腕ではチト無理か。さっとゆでてポン酢で、いや、そら豆とのかき揚げでいこうか。

タコは、イイダコが旬まっさかり。イイ（飯）がむっちり詰まったその姿は、まるでマンガに出てくる火星人。このお姿のまま、酒や味醂、それに淡口醬油ほんの少しで炊けば、愛嬌たっぷりの桜煮だ。江戸の昔から、煮ダコは桜煮と呼ばれることになっておる。

桜マスのマリネ、タイの桜蒸しや塩焼き、桜エビのかき揚げ、イイダコの桜煮。ジイサマの土蔵からくすねてきた桜散らしのお重のほこりを払えば、役者はそろった。

桜、さくら、さてどこ行こか。

わがまま殿がいればこそ、タイ流通の大躍進

「見てよ、外川《とがわ》だよ、いいねぇ」

活魚担当が、水槽から自慢げに取り出したのは、みごとなタイ。カッと見開いた眼の上を染めるは青の色。濡れた桜色のウロコにも、よくよく見れば碧空の色が散っており、朝の光を受けて虹の輝きを放っている。千葉県の銚子沖で釣り上げ、外川港の生け簀で落ち着かせ、昨晩、築地へ着いたばかりの活けのタイである。

全国から河岸へやってくる活けのタイ。実はこうした活魚での流通は400年も前からやっていることなのだ。

「手前、生国は和州桜井村、助五郎と申す新参者。このたび、ご当地で魚商いに手を染めることとなりやした」

今の奈良県、吉野山のふもとに生まれたとされる助五郎なる男が、日本橋魚河岸に

やってきたのは、元和2(1616)年。幕府より日本橋のたもとで魚河岸開場のお許しを得て、間もないころだった、という。天下人のお膝元で活況を見せ始めた魚河岸。カネの匂いを嗅ぎつけ、上方から魚商人の新規参入が続いたが、彼もそのひとりだった。

当時の市場の主勢力は、家康と親交深い摂津(大阪)の出身者であり、助五郎は大和屋と名乗ったことからわかるように、奈良県出身の傍系である。しかし、この男、やがてタイ流通に大きく貢献することになる。

ことの起こりは、三代将軍家光上洛のおり。京へと東海道を上る道中、静岡県の蒲原と三島の宿で、たいそうなタイが御膳にならんだ。聞けば、沼津の漁師たちが、生け簀に囲っておいたタイという。おそらくお供の賄い方、ハタと膝を打ったに違いない。

「生け簀とな。タイ御用に生かせぬものか」

なにしろ、将軍家でのタイの消費量たるや、呆れるほどの数量であった。当の家光誕生の大礼のおりも、魚河岸から城に納めたタイは200枚。各種の祝祭宴会、客の接待にタイは欠かせぬものだった。そのたびに魚河岸とお城の賄い方は、タイの手当てにキリキリ舞い。しかし、生け簀に活かしておけば……。妙案である。

この仕事を命じられたのが助五郎。魚河岸へ来てすでに十数年、その間、どんな働きをしたか歴史は伝えていないが、資金を蓄え、浜回りにも熱心だったのだろう。

助五郎がまず取り組んだのは、浜とのネットワーク作りだった。伊豆周辺の網元に、支度金と称して前金を渡し、独占契約を結んだのだ。揚がったタイは、沖に浮かべた竹カゴを生け簀として、そこに蓄養させた。

さて、江戸へどうやって運ぶのか。

当時のこと、船しかない。といっても、ちと様子の変わった船、生け船と呼ばれる生け簀を設けた船を使ったのだ。生け船は、大阪雑魚場《ざこば》から始まったとされるが、上方からきた助五郎、そのノウハウに通じていたのだろう。この生け船、実によくできていた。生け簀に水抜け穴があり、常に新鮮な海水で満たされ、タイが酸欠状態におちいることを防ぐことができた。あっぱれ、泳ぎのまんま、江戸へと搬送されたのだ。

助五郎を創始者とした大和屋は、やがて御本丸御膳御肴請負御用の栄誉を授かり、市場人の本流におどり出る。日本橋魚河岸最大のお役目は、幕府へ魚を納めることであり、幕府にとって欠かせぬタイを潤沢に用意できるとあらば、それは当然のことであったろう。

大和屋は、以後も契約する浜を伊勢湾や瀬戸内海にまで広げていく。いちどきに生け船が運ぶタイの数は数千枚。このタイを、東京湾のあちこちに用意した生け簀に囲っておき、御用とあらば、伝馬船《てんません》で陸へ運んだ。なにしろ、お城の注文ときた日にゃ、時化《しけ》も旬も関係なしなのだから。

こうして幕府の旺盛なタイ御用でシステム完成をみた活けダイ流通。昭和に入って以降、再び、タイの周りは賑やかになる。生け簀は陸に、活魚での輸送はトラック便に、養殖も進んだ。身辺かく慌ただしきも、これまたひとがそれだけタイを求めるからだ。それを知ってか知らずか、本日も活けのタイ、まこと美しげ。

雛祭りの定番、ハマグリを巡るミステリー!

雛祭りに向けて、2月の終わりころから、河岸もハマグリの注文が増える。流通しているほとんどは、中国産の「シナハマグリ」だ。国産のハマグリと違い、殻に艶がないのが特徴だ。20年以上、ハマグリを担当しているアオキクンに言わせると、中国産といっても、北朝鮮産中国経由もあるらしく、こちらのほうが身質はいい、と言う。

現場の人は、現場らしい目でモノを見るのでおもしろい。

国産のハマグリは、内海の砂浜に生息する「ハマグリ」と外海に生息する「チョウセンハマグリ」とがある。河岸で見かける「ハマグリ」は三重県の桑名産ぐらいで、基本は「チョウセンハマグリ」だ。産地は、ひところは茨城県鹿島が圧倒していたところが千葉県九十九里浜の飯岡に移り、今は南に下った成東や片貝までと、主産地が移動している。ハマグリは、環境が悪くなると長距離移動するという。アオキクン説も「鹿島の殻はきれい。成東や片貝は、ちょっと見劣りする。海底を転がったんじゃないか」と、長距離移動説である。鹿島から飯岡へ、さらに南へという大移動の結果なのだろうか。

移動といえば、東京湾内でも不思議が起きている。数年前から、江戸川河口や多摩川河口で、ハマグリがとれている。東京湾から、姿を消して久しいといわれるのに。人知れず生きていたものが繁殖したのだろうか。だとすれば「ハマグリ」だ。昨年の春、入荷した江戸川河口の葛西産を、海の生物の専門の先生に鑑定してもらった。答えは、チョウセンハマグリだった。外海に棲むはずなのに、東京湾の奥で、どうして？

貝塚からもっとも出土する貝は、ハマグリ。魚河岸があった日本橋の遺構調査でも、ダントツ1位でハマグリが出土した。太古からずっと食べているのに、疑問がわくと、わからないことばかり。ミステリーを読んでいるみたい。いや、現場をウロウロ歩きながらのことだから、ミステリー度はそれ以上かも。

刺し身は「煎り酒」で食べるのが江戸の定番

春も深まり、刺し身で食べたい魚がよくなってきた。黒潮にのって南から昇ってくるカツオ。東京湾ではマコガレイ漁が始まり、おすし屋さんのなかには定番の白身をヒラメからマコガレイへ、とする店も少なくない。マダイは、乗っ込みといって産卵を迎えて怒濤のごとく内海へ入ってくる時期。淡路などの瀬戸内モノ、愛知県の豊浜、神奈川県佐島、江戸前モノの勝山や竹岡、外房大原等々、すばらしいマダイが続々と入荷してくる。外房の荒波にもまれたイシダイのシコッとした食感、常磐のアイナメの余韻にほのかな甘味を感じさせる味わいもいいし……。

寒さにちぢこまって鍋だ、鍋だと騒いでいたぶん、陽気がゆるんでくると、むらむらとただもうひたすら食べたいのが刺し身である。

そんなわけで、煎り酒などつくってみようかな、と。冬には中断してたけど。

煎り酒というのは、醤油が普及していなかった時代、刺し身に添えた手づくり調味料。日本料理の基礎が築かれた室町時代からのもの、という。現代の料理書からは姿を消したが、江戸時代のそれにはしばしばつくり方が出てくる。基本の材料は酒と梅干し、だしとしてかつぶしや昆布。ときに醤油を加えることも。

たとえば江戸初期に出版された人気の料理書『料理物語』によると……。

かつおぶし1升、梅干し15～20、古酒2升、水とたまり少々。以上を1升にまで煎じ、冷ましてこす、とある。

2升酒をざっと1升弱になるまで、炭火でソロリソロリと煮詰めてたんでしょうね。もったいない、この罰当たり、と、どこぞから声が飛んできそうですが。

和田はつ子さん著の時代小説『料理人季蔵捕物控』シリーズは、かつて侍、今は料理人となった季蔵が、毎回、美味なる料理を披露するが、調味料の基本は煎り酒としている。刺し身だけでなく、卵豆腐にも、筍とわかめの煮物にも醤油のかわりに煎り酒。煎り酒こそ素材の味を最高に引き出す調味料、とする店の親方長次郎の教えを守ってのことである。

そんな季蔵だが、おもしろいことに、初がつおの刺し身は芥子味噌、客によっては蓼酢《たでず》、芥子酢ですすめている。

そういえば、冬に高知を訪ねたおりにいただいた紅白の刺し身盛り合わせには、醤油と酢味噌が添えてあった。酢味噌には、にんにくの若葉がすり混ぜてあり、それはきれいな緑の色。当地では、酢味噌をぬたと呼び、ブリの刺し身などもぬたで食べるのが伝統なんだとか。関東風の味になれてしまった私には、ちょっと甘めだが、なかなかの相性だった。

江戸の料理書にも見られることだが、醤油万能となる以前は、刺し身のたれもいろいろ工夫があったのである。とはいえ、定番は煎り酒。酒と煮詰めてまろやかになった梅干しの酸味が、ことに白身魚をめっぽうおいしくさせるのだ。

深夜の煎り酒づくり。3合ほどの酒を用意する。あの料理人季蔵さんのように料理に使うわけでなし、刺し身専用だからこれで十分。小鍋に入れ、昔風の塩っぱい梅干しの種を取って5個ほど加える。ごくごく弱火で、半分ほどに煮詰め、最後にかつぶしを加えて一煮立ちさせ、塩加減すればできあがり。酒3合を平常心をもって煮詰めていけるのは、酒量がめっきり減ったせい。コップ酒に目を細め、クイクイやっていたのは遠い昔のことで、今や下戸へとまっしぐら。ちょっと、いや、かなり寂しい気もするが、それを補って余りある煎り酒である。

仏心に商魂を潜ませ、河岸のお魚供養

10年ほど前の「濱長」でのことだ。店仕舞いをおえたところで、1尾のアナゴが見つかった。アナゴは生きたまま売り買いするので、店で活かしておいたものが逃げたらしい。アナゴを活かしておく水槽は、すでに鍵がかけてある。今さら戻すのも難儀なこっちゃ。と、そこへ店で長く働くトクさんがやってきて、心得顔で、アナゴをスルリとビニール袋へ移した。そして、袋を持って、駆けだした。仲卸棟からせり場を突っ切ると隅田川で、桟橋がある。そこから、トクさんは、アナゴをそっと川へ放ったのだ。身をくねらせ、水にもぐる姿を見送りながら、今度は無骨な手を胸の前で合わせている。日ごろの荒っぽさからは思いもよらぬできごとに、私はポカンとして横に突っ立っていた。

「信心深かったからな、先代は」

トクさんは、そんな私のきもちを見透かしたようだった。

「なにかの縁で生き残ったんだから、帰してやれとよ」

ぶっきらぼうな調子で言うと、煙草をプカリ、川面を見つめていた。青い煙が川風

に溶けていく。仕事のあとの川風は、気持ちがいいものだ。それでおしまいにすればよかったものを、私はよけいなことを、口走ってしまった。

「でもさぁ、海の生き物を川に戻しても、逆にありがた迷惑じゃないの」

トクさんは、むきになって言った。

「ここでオレ、スズキを釣ったこともあるし、市場と浜離宮の間の川あるだろ、アナゴやエイまで泳いでんだぞ」

川底に目をこらす私の背に、トクさんは、おそらく「河岸のこと、わかっちゃねえな」と、声にならない言葉をかけていたと、今になって思う。あれは、トクさんなりのアナゴ供養だったのだ。

一日の水産物の入荷量2000トン弱。築地市場のことを、外国人レポーターが「魚の死体が連なる場」と、表現したときには、ムカッときたものだ。でも、視点を変えたら、そう評されてもしかたないのかもしれない。たしかに途方もない数の命を商売にしている場、なのだ。

もちろん日々の仕事で、そんなこと、打っちゃってはいるが、でも、トクさんに限らず、河岸の人間は、だれもが、心の奥に、命へのおそれ、といったようなものを抱いている。そう思う。

その証拠に、河岸には、なんと魚の供養祭の多いことだろう。活魚、アナゴ、エビ、なかでも大がかりなのが、4月中旬におこなわれるフグの供養祭だ。

フグの季節が終わり、その冥福を祈る、という筋立てなので、しつらえは、ちょっとした葬儀なみだ。場所は市場の奥まった一角。白と青色のまんまくで囲ったそこに、りっぱな祭壇を設け、両国西光寺の導師さまの読経が流れるなか、参列者の焼香、合掌礼拝が続く。人間の葬儀との違いは、祭壇に遺影はなく、大きな水槽に天然のトラフグが悠々と泳いでいることだ。そのフグは、場所を変えた桟橋での放魚式で、墨田川へ放たれる。トラフグやヒガンフグの稚魚放流もそれに続き、うららかな春の日差しの川に水しぶきが飛ぶ。そして、参列者一同、なおらいに移り、賑やかな酒宴、締めは恒例の魚河岸一本締めにてお開きとなる。

これで、それまでの所業いっさいが洗い流されるとはいわないが、気持ちに一区切り。明日からまた商売に励むことができるというわけだ。仏心に商魂を潜ませ、賑やかに。ま、魚のほうもジメジメッとやられるより、このほうが浮かばれるってものじゃないですか。

美味は手近にあり。河岸的エコな御馳走とは……

河岸で働き始めて、間もないころ。

その日、店の大将は急な注文でタイのおろしにおおわらわ。勢い余ってタイの頭がゴロリ、まな板から転がり落ちた。私は素早く拾うと、アラを入れるゴミ箱へ。河岸へきて、ただちに痛感したことは、気働きの欠如だった。ゆえにこの時の咄嗟の行動には、棒っきれを上手にキャッチしたポチの心境、心中快哉《かいさい》を叫んでた。ところが「バカヤロウッ」の大音声。注文はタイの身だけ、頭は捨てるんじゃないの？「料理屋でカブト焼きにすりゃ、千円はとれんだぞ。頭は売り物に回すんだ」たとえ頭だけであっても店頭に出せば、けっこう人気の商品なのだった。頭のありがたみを思い知れと、それからは毎日1個、持ち帰らされた。

たしかに、頭はおいしい。カマや頬の肉は、旨味が凝縮し、タイの味はこれに尽きると思うほど。ごぼうといっしょのアラ煮は最高。だしも、すばらしいものがとれる。料理できぬ日は、冷凍すべし、との教えも受けた。

そして、数ヵ月後……。

妹がやってきて、冷凍庫をあけるやギャッとのけぞった。タイの頭がゾロリ行列、目をカッとひんむいて、妹を睨んでいたのだ。

私は妹を諄々《じゅんじゅん》と諭したものだ。捨てればただの生ゴミ。しかし、上手に料理すれば、これほど旨いものはない。ゴミ問題にも貢献している河岸的プチエコよ、と。

だが、妹は鋭く突いてきましたねぇ。

「車をハイブリッドカーに買いかえるとかさ、消費に繋がるのが今のエコなのよ。頭拾ってきて、冷凍庫にため込んでるのは、ただのシミッタレ！」

私の本質を喝破《かっぱ》した妹の勝ち誇った顔ときたら。生きとし生けるものを愛おしみ、おいしく食べ尽くすという河岸で育まれたエコ哲学をくんでほしいのだが……。ホント身内はやりづらい。

河岸も、ごたぶんにもれず、生ゴミの量たるやすさまじい。明治のころは、それもリサイクルできていた。渋谷村あたりから、お百姓さんがやってきて、きれいさっぱり持ち帰り、肥料にした。夕方の河岸は、魚のアラ目当てのお百姓さんの荷車の列ができたという。たしかに明治の御世の地図を眺めると、渋谷あたりは一面の畑。荷車の列が荷車をひいて、旧魚河岸である日本橋へやって来るのも、そうはいとわぬ距離。お酒落な町は、魚河岸の魚のアラで肥えた田園地帯だった。リサイクル都市としての江戸の話をよく耳にするが、河岸も立派にその一端を担っていたのだ。

そこへいくと、今は……。

昨今は、魚をおろして納入することが多いので、それだけ生ゴミの量もかさむのだが、食べられそうなカマほかもろもろをいっぱい目にする。ときにはカラスミ用に卵巣だけを取り除いたボラだって。身はまったくの手つかずの状態である。とはいえゴミ箱を漁《あさ》るわけには……。

すると某日。なじみのすし屋さんがボラのヘソを甘辛く炊いたものをくださった。ボラのヘソ、実は内臓の一部で、ソロバンの玉のような形をしているから通称そろばん玉。

「ボラをおろすとき、とっといてもらうんだよ。江戸時代なんて、こんなもんクチャクチャやって、酒、飲んでたんだよ」

異常な固さだったが、噛むうちにイカに似た旨味が口に広がっていったものだ。こうしてまだまだ捨てる一方ばかりではないが、やはり多勢に無勢というのが現実だ。

希代の懐石料理人、故辻嘉一さんは「美味は遠方にあるのではなく、手近な美味を高度な美味に引き上げるのが真の料理法」と、語っておられた。『手近』という点に微妙な違和感はあるものの生ゴミと化すところをおいしいものに仕上げ、楽しく食べる。決してシミッタレじゃない。河岸的エコの真骨頂！と思うんですけどねぇ。

はたして幕府の隠密か？　佃・シラウオ伝説

「雛の節句といえば……。妹がおりまして、雛の膳にはシラウオのすまし汁。大正時代のことですが、東京でもまだシラウオが獲れたんですよ」

幼い日の記憶に市場の最長老の顔がふっとなごんだ。長老のお宅は佃の旧家。佃とシラウオは、切っても切れない関係にある。

築地市場に近い中央区郷土資料館に残る御膳白魚箱。黒漆に葵の御紋のそれは、江戸時代、佃から徳川幕府へシラウオ献上にと使われた御用箱。いやいや、蓋をあけたら佃の漁師隠密説まで飛び出すびっくり箱である。

舞台は摂津（大阪市）、天正10（１５８２）年。住吉神社に詣でるはずの徳川家康一行は、神崎川を前に途方に暮れていた。渡ろうにも橋がない。そこに現れたのが、摂津佃村で漁業を営む庄屋の孫右衛門。漁船を仕立て、みごと住吉詣でのお役にたったのだ。

さぁ、その後の孫右衛門一族は、とんとん拍子。天下人となった家康に江戸へと招かれ、幕府御用の漁師になるや、「海川勝手たるべし」のお墨付きをいただき、魚は獲り放題。幕府に納めた魚の残りは日本橋で売ってよいとのお許しも得て、これが日本橋魚河岸誕生につながっていく。おまけに江戸湾の干潟をいただき、そこを埋め立てて一族安住の地もできた。それが佃島である。

なかでも彼らの名を高めたのはシラウオ漁。家康在世中、シラウオは〝御止魚《おとめうお》〟と呼ばれ、将軍の御膳に供えるほかは、みだりに漁はできなかった。その漁を許されたのが孫右衛門を頭とする佃漁師たち。これ以後、幕末まで幕府へのシラウオ献上は続き、あの葵の御紋の御用箱を使い、天下御免で江戸城へと走ったのだった。

シラウオ漁は初冬から春3月まで、江戸湾に流れこむ川筋で行われた。夜ふけにかがり火をたき、四つ手網ですくう。その光景は、江戸随一の風物詩、特に品川や高輪の茶屋の二階から望むのが絶景とされたそうな。

凍てつく霜夜、漆黒の波間に揺れるかがり火を肴に、さしつさされつ……。あぁ、なんて風流。やっぱり江戸はいい、情緒がある。

とまぁ、うっとりする私に、マッタ！　をかけたひとがいる。水産業界新聞の会長であった、近藤サンだ（先年、お亡くなりになった）。

「シラウオ漁というのは、海上監視のためです」

きっぱり、言い切った。

「考えてもごらんよ。四つ手網というのは、小舟の漁なんだよ。そんな舟が夜っぴてかがり火をたいて、江戸湊あたりにゾロゾロいるんだからね」

近藤サンは海軍出身、さすがに目のつけどころが違う。

「だいたいね、住吉詣でに困った家康を助けたぐらいで、あんなにも特権を手にすることができるかね？　シラウオ漁もだけど、漁のお墨付きや、佃までもらうんだからね。江戸にも漁師はいたのに、それを差し置いてだよ」

そんなやりとりがあったのち、私は気になる一文を見つけた。佃は歴史がある町だけにさまざまな由緒書が残っており、そこに記してあった。

「御堀之内之四ッ手猟ハ、往古ハ水御門番相心得にて猟業仕居候」

初期の佃の漁師たちは、城近くの川筋で夕暮れから朝まで漁を名目に、お掘番を務めていたらしい。不寝番である。また別の由緒書には、家康の住吉詣でののちに起きた大阪冬夏の陣では、海上の動静を通報していたともある。だとすれば、シラウオ漁もしかり、か。

佃の漁師たち、孫右衛門一族は、実は幕府の隠密、密偵。だからこそさまざまな特権も与えられたのだった。

「佃をもらったのは、幕府の体制が整ったので、これからは漁業に専念せよというご褒美だよ」と近藤サン。

築地から隅田川に沿って散歩がてら、しばしば訪ねる佃は、佃煮屋さんからの醤油の匂いが漂う静かな町。高層ビルが連なるなかに、エアポケットのように低い家並みが続く。人けのない路地の奥。密偵の影でもありゃしまいかと、つい目をこらしてしまう私がいる。

ヤリからホタルへ……。季節を追いかけイカは巡る

イカはおもしろい。地味な存在だけど、日々触れてみると、四季それぞれに、その顔ぶれは微妙に変化し、興味は尽きない。

ホラ、年が明ければこんな風。

「だんな、覗きはいけねえよ」とからかい半分の売り子の声に、ヤリイカを手に苦笑いのお客さま。ヤリイカは、胴のなかを覗いて、ポチッと赤いものが見えたら子（卵）

が入っているし。それをチェックしていたらしい。

子を持てば身は痩せるので、子持ちは敬遠される魚の世界だが、ことヤリイカはべつ。たとえばすしの印籠。こぶりのイカを煮て酢飯を詰める古風な手法だが、子持ちのヤリでつくるおいしさときたら。先っぽにトロンとした子が詰まっており、それがとろける食感ときたら、たまらない。昨秋からヤリイカの入荷は続いているが、待望の子持ちは春浅い時期となるのだ。

年明けのイカでもうひとつ、私の気持ちをそぞろにするものがある。ホタルイカだ。河岸にきて、初めて生のホタルイカでパスタをつくって以来、すっかり虜。にんにくや赤唐辛子と一緒にオリーブオイルで炒めてチャッとパスタに和えるだけだが、とろけたワタが濃厚なソースになり、至福の味なのだ。

「さぁ新物、買った買った」で、ホタルイカの先陣を切るのは、兵庫県の津居浜あたりの釜ゆでで、まだ人指し指の爪ほどにも満たない。やがて石川物が入荷し、3月の富山湾解禁で本格的なシーズンに。このころになると、肝も大きくなり、それは濃厚な味となってくる。

小さなトレイに並んだホタルイカ。店にうず高くそのトレイが山積みになるのが最盛期の4月。このころはまたヤリイカとシロイカが交替する時期でもある。

シロイカ、ヤリイカともにスルメイカに似た形をしている。しかし、両者ともスルメイカとは違って加熱調理しても固くならない。だから、刺し身用だけでなく、煮物やソテーにも向いており、和食はもちろん洋食屋さんでも広く使う。用途は同じなので、ヤリイカに代わってシロイカ、というイメージなのだ。といってもヤリイカに較べ、シロイカのほうが身が厚く、甘味も勝り、私は一番においしいイカと思っている。

そして5月のゴールデンウィークをはさんでのイカの世界の動きは慌ただしい。最小のホタルイカがフェイドアウト、最大クラスの大きさであるアオリイカのシーズンが始まる。そこにまじって、新のスルメイカもチラホラ。麦刈りの時期と重なるころなので、麦イカと呼ばれることもある。

やがて、目に見えてスルメイカが大きくなっていく夏、河岸では新子とか新イカと呼ぶ赤ちゃんスミイカが鹿児島県出水《いずみ》市などからやってくる。大きくなれば胴の長さは手のひら大にもなるスミイカだが、まだ小指の長さにも満たない。

「あんな小さなイカをどうして東京は喜ぶんですかねえ」と、首をひねっていたのは出水の浜の荷主さん。すし屋さんなら「それが江戸前の粋」と、バシリ決めるだろう。江戸前すしのイカといえばまずスミイカ。新物を待ちわびる心が生んだ江戸前の伝統であり、あのシンコとまではいかないが、出始めのお値段も驚くほど高い。

秋も深まればそのスミイカも大きくなり、夏を謳歌していたシロイカに代わって、ヤリイカの新モノが登場。スルメイカの肝も大きくなって、塩辛づくりの気分になると冬将軍の到来も近い。

河岸で綴られるイカ暦。しかし、年によっては日がずれる。入荷が遅れると人間さまは「まだかよ」などと焦れているが、それは人間さまの勝手というもの。花の開花が年により早い遅いがあるように、イカだって同じことなのだ。河岸についつい長居しているのも、早いの遅いのと、それをこの目でたしかめたいという気持ちもあるからだ。

誉れはすべてメスにあり。ひっそり健気なオスよ

生き物の世界は、メスのほうがたくましい。ホタルイカもそのひとつ。オスの健気で、はかないこと。いばってばかりの河岸の男たちに、オスの爪の垢、煎じて飲ませたい。いや、爪はないから吸盤か。といっても流通しているホタルイカの中からオスを見つけるのは不可能といっていい。

富山湾に面した滑川《なめりかわ》は、ホタルイカ一色の町だ。駅を出て、歩く石畳には踊るホタルイカの絵が。マンホールには漁風景。海にぶつかったそこには、ホタルイカのミュージアムまでも。

ころは3月下旬、滑川漁港近くのとある加工場では……。

いよいよ出荷の最盛期。作業場にはホワホワと湯気がたちこめ、50キロ単位でホタルイカが釜ゆでされていく。

この時期には生の出荷も忙しい。積み重なったホタルイカの山から、トレーに3×7杯と並べていく作業。担当は、ベテランとおぼしき女性ふたり。淡々と続く作業のなか、ポイとぞんざいにはじかれたヤツがあった。

「オスだよ、これ」と、彼女たちが教えてくれた。ちっこくて、貧相で。これがオス？　それでも「見ることができたのはラッキーだよ、アンタ」ってことらしい。

富山湾のホタルイカ漁は春の産卵期に重なる。実はその時期、もはやオスはいない。冬に精子の入ったカプセル（精莢）をメスに託すと、そこで役目は終わり。死んでしまうのだ。残ったメスは、身ごもり、たくましくもひとり（？）生き、たくさんの子孫を残すことになる。オスが店頭デビューすることはないのだ。ひっそりと陰の存在。誉れはすべてメスにあり。

滑川を訪ねたのはもう10年以上も前のこと。いろんなことを見聞きしたけれど、この話を妙に覚えているのは、あのころ、河岸の男社会に憤慨していたせいだろう。人生修行とやらが足りなかったといいますか。今はもう違う。たんといばって稼いでおくれやす、の心境。やっと大人になったということでしょうか。

「どんだけ金を使ったか」。大将のトリ貝無情

お雛さまに供えるあられの器に、トリ貝の殻を使っている。殻の表面はどうってことない薄ぼけたベージュ色だが、驚くのは裏返したおりで、淡い紅紫の色が目に飛び込んでくる。菜の花色や桃色が混ざった雛あられをこの殻に盛ると、その紅紫とあいまって、雛の祭りにふさわしい華やぎが生まれる。

と、まぁ、ひとり悦に入り、今年もトリ貝でお雛さま用の器を新調してあげた。いや、新調、というのはおこがましいか。

殻付きのトリ貝は2月ころから入荷する。私が働く店へも、海水が入った発泡スチロールの箱に入ってやってくる。元気のいいヤツは、黒紫の脚をヒョロリとのばして泳

いでいたりするが、この脚がすしダネとなる。ふつうは殻のまま買われていくが、まれに殻はいらないという方も。シメタッてなもんで、ゴミ箱から拾ってくるのだ。お雛さまには、ないしょ。

トリ貝の主産地は、瀬戸内海、三河湾、伊勢湾、東京湾などで、身の入りがいちだんとよくなるのは桜が咲くころだ。アワビを除くと、ハマグリやミル貝、タイラ貝など、すしダネにいい貝がおいしいのは冬から春で、トリ貝はそれにちょっと遅れての旬となる。

そんなわけで桜陽気に浮かれる時期、築地のすし屋さんでも、殻からむいたばかりの生のトリ貝が登場する。酢飯のうえで、ときに蠢《うごめ》き、飯からずり落ちるほどだ。口に含むと磯の香り。貝のうちで、もっとも海の香りを感じさせる味わいだ。シーズン外のトリ貝は、産地でむき身をゆでたもの。季節の御馳走に私の頬はゆるむ。

しかるに、うちの店の大将は、人後に落ちぬすし好きなのに、生のトリ貝だけは大嫌い。つけ台に躍るトリ貝など並ぼうものならとたんに不機嫌になる。

「アンタは知らないからだよ。どれだけワタシがトリ貝に金と時間をつぎ込んだか」

あるとき、あまりの嫌いように理由を聞くと、そんな答えが返ってきた。

トリ貝が、殻付きで河岸へ入荷するようになったのは昭和の終わり。これはその少し前の話である。

当時、トリ貝といえば、ゆでて流通するのが普通だった。冷凍保存もでき、暮れなど、それは重宝された。正月の出前が盛んな時代であり、保存のきく値ごろ感のある貝として飛ぶように売れた。大量に揚がったときに加工、冷凍しておけば、あとは値をみて売るという投機的な側面を持つ貝だったのだ。

大将は、そんなトリ貝に無関心ではいられなかった。春、トリ貝がおお獲れした東京湾沿いの富津《ふっつ》へと通う日々が続いた。

「うでるのがむずかしいんだよ」と大将。

トリ貝の命は、あの黒紫の色。ハクと呼ぶそうだが、ハクが落ちると価値がない。そこで、殻をむいて身を引きだすと、ハクが落ちないようにガラス板の上で割く。さらにはゆで加減。艶のよい黒紫の色に仕上げるにはコツがいる。そこらを、富津の貝の業者さんと研究しまくった。なにしろ思い込んだら命がけ、のタイプゆえ、「しまくった」の言葉が当たっている。

ところが、あぁ無情。そうこうするうち、殻付きトリ貝の入荷が始まったのだ。それも卸会社の若者の手で。「生でも食えるし、旨いじゃん」とばかり、ゆでて流通、という常識を軽々と越えてしまったのだ。

「生という発想がなかったんだねぇ」

それが悔しい。ニュージーランドからの豪州マダイの輸入で名をあげ、殻付きホタテを東京へ広めたパイオニアでもある大将としては、一世一代の不覚であった。殻付きでの流通が始まって30年近くになるが、大将の恨みは未だ風化されていないのだ。もっとも本音をいうと、私も生よりゆでたほうがおいしいように思う。しかし、大将には気の毒だが、そこには厳然と、殻付きで入荷したものをゆでて、という一条があってのことだ。

江戸前の貝と貝むきネエサンは河岸のお宝

店の先輩ネエサンが、鬼のスピードで貝をむいている。さて、今日の成果は何個？

「さあて、婚礼の注文でハマグリ1000に、赤貝が800もいったかな」

貝は、店先でむき身にして売ることもある。ネエサンはその担当。毎朝のことながら、専用のむき庖丁を使って、器用に貝をむく様子には、感心してしまう。「ハマグリでも「1時間あれば、ハマグリでも700個以上」の早業である。「ハマグリでも」と、断ったのは理由《わけ》ありで、ハマグリが最もむきにくい。特に身の表面をおおう薄い膜を傷つけないようにむくことが大切で、これがむずかしい。膜に傷がつくと、すしダネの煮ハマにしても、ふっくらきれいに仕上がらないのだ。そこへいくと、赤貝むきは初心者クラス。といっても、私なぞ何度練習しても、3個に1個はヒモが切れるというていたらくだ。

「私ら、子供のころからやってんだもん」

笑いながら、そう言うネエサンは、生まれも育ちも千葉県浦安。この築地市場で、貝のむき子といえば浦安組。ネエサンは由緒正しきむき子のひとりなのだ。

ネエサンとそのお仲間が語る子供のころの話は、それはもうおいしい貝尽くしだ。

「アオヤギなら、オラとこはビタビタ」

「ホウカシみたいにするんだろ？」

「ホウカシはアサリの味噌汁だべ。違うのさ、醤油と水を少し入れて煮るのさ」

「アサリはカレーがうまかったな」

「ハシラは、天ぷらにチャーハン」

「ハマグリは串に刺して七輪で焼いてたな」

これが毎日のお惣菜。なんともうらやましい。

「なにが御馳走さ。貝しかないんだからよ」

といつも一喝されて、話は打ち止めになる。

江戸の終わりに出版された『絵本吾妻の花』の詞書《ことばがき》に「すべて貝類ハ江戸の名物なり。他邦の人ハ其あヂハひを賞すれども、当所ハ常にてしらず」とあるけど、ネエサン方の子供時代にも、それは続いていたわけだ。

当時の浦安には貝をむく加工場があちこちにあり、子供もそこで働いて小遣いを稼ぐのは普通のことだった。

ネエサン方は、そうやって習い覚えた腕を見込まれ、築地市場で貝むきの技術者として働いているのだ。

その東京湾の貝は減少の一途をたどって久しいが、それでも例年、私は桜がほころび出すとおいしさを増すアサリを楽しみにしている。江戸前の名で売られ、こぶりだが、ミルクのような、それはもう濃厚なだしが出るアサリなのだ。

ところが、このところの入荷は今ひとつ。

そこで、江戸前の貝の本拠地、千葉県富津《ふっつ》の浜の貝問屋さんに問い合わせてみると、

「さっぱりなんですわ、最近は。潮干狩りで富津はもってるようなとこだから、獲れたら浜にばらまかなきゃいけないし。築地には、どうしてもそんなに出せなくてねぇ」

ならばアオヤギは？　数年前に伺ったときは、町はアオヤギだらけだったけど……。

「それもねえ……」と声は沈んでいた。

さらなる江戸前の貝の減少。それと並行して思うのは、浦安の貝むきネエサンのことだ。私のいる店のネエサンは60歳を過ぎた。多くの方がそうした年齢。高齢のため、姿を消した方もいる。きっぷのいい元気な貝むきネエサンの姿を、いつまで見られることやらと。

しかし、海は生き物。姿を消したはずの江戸前のミル貝が、この数年、量こそ少ないものの入荷している。

私のいる店では20代のトモチャンが、むき子の仕事を始めた。ネエサンに筋が悪いと叱られながらも、負けん気で頑張っている。

江戸前の貝と、貝むきネエサンと……。

ふたつは絶えてほしくない、絶えることがないようにと願う築地市場の宝である。

アオヤギ、オマール……おいしい名前で出ています

ヤリイカのシーズンが終わると、シロイカの季節。

私、無知というか、河岸にきたころ、シロイカのほかに名前など存在するとは思っていなかった。でも、図鑑をパラリめくって目が覚めた。シロイカとは、ケンサキイカのことだった。河岸でケンサキイカの入荷は山陰からが多い。ゆえにかの地の呼び名、シロイカがそのまま使われているらしい。

このように河岸の魚の呼び名は、標準和名のほか、地方名、俗称入りまじり、チトややこしい。標準和名以外で呼ばれているものを、独断と偏見とやらで、ざっとグループわけしてみた。

まず第1群は「本名ではちょっと」系。

アオヤギがその典型だろう。標準和名はバカ貝で、今ひとつ食指がそそられない。アオヤギという呼び名は、千葉県青柳村が名産地だったことにちなむものであり、バカ貝とはダラリと舌（足）を殻からはみ出したオマヌケな姿をさしての名前である。

ホッキ貝というのも人気の貝だが、標準和名はウバガイ。漢字で書けば北寄貝と、

風で浜に寄せてくる姿をうたって風雅だが、いっぽうは姥貝。ベテランの貝むきネエサン、及び私も含め、一挙に嫌いになりそうな名だ。

天ダネのメゴチの標準和名はネズミゴチ。白身で鍋に最高のヒゲダラはヨロイイタチウオ。いずれも食欲をなくしそうだ。

第2群は「シェフ」系。

たとえばオマールエビ。70年代にフランスからイセエビの代用として輸入されたが、当初はまったく売れなかった。ところが、それに狂喜乱舞したのは、フランス帰りのシェフたち。彼らの需要で、日本に定着。名前もフランス語読みのオマールで広まった。標準和名は、アメリカンロブスター。

ムール貝も、同じことがいえる。昭和初期に外国船にくっついて日本へやってきて、またたく間に港湾を中心に繁殖。やっかいものであったが、今やフレンチ、イタリアンの御用達ナンバーワンの貝。ムラサキイガイが標準和名だが、そんな名で呼ぶ人はまずいない。

第3群は「アヤカリタイ」系。

魚の王様、マダイにあやかりたいと、タイとつく魚は３００種以上！　なかには、うら寂しい商店街で、いきなり「〇〇銀座」なんて看板に出会ったような驚きのものもいるが、アヤカリタイ症候群は、貝にも存在する。

標準和名ミルクイ、河岸ではミル貝。ときにキロ3千円以上にもなる高級すしダネだが、代わって売れているのは、安価な白ミル。いずれも水管が食用となるが、姿はべつもの。白ミルの標準和名は、ナミガイである。

夏に払底するアカ貝に代わって、夏が旬のそっくりさん、バチアカというのがある。アカ貝が泥地に生息するのに対し、外海の砂地に生息。生息場所が違うので、場違いのアカガイ、つまりバチアカというわけだ。しかし、標準和名はサトウガイである。

以上2種のアヤカリタイ系貝、名誉のために付け加えると、味わいのあるおいしい貝で、決して「うら寂しい銀座」系ではない。

ところで、しつこく標準和名とことわりを入れてきたが、標準和名とは標準語に該当するものと思えばいい。

世界共通の学名となると、ラテン語で表記される。しかし、トビウオは、標準和名とはいうものの、ラテン語の学名には、西日本での呼び名、アゴ（ａｇｏｏ）の文字が。学名の名付け親は、江戸末期に長崎へ医師として来日したシーボルト。長崎の呼び名が学名に組み入れられたのだ。トビウオでは世界に通用しないが、アゴという地方名なら、ということになる。

　数年前、偽り魚が問題になった。正しい名前に、という運動はあってしかるべき。でも、あまりめくじらたてるのもどうだろう。河岸での特殊な呼び名は「食」を前提に、長い間、愛されてきたネーミング。魚にとっても、おいしそうな名が一番、と思うのですが。

龍馬も食べた⁉　カツオのたたき考察

　カツオを久しぶりにおろす。気を入れて包丁を握り、身を二つに割るおりの爽快感はなんともいえない。

　とはいえ力がないので、カツオの尾っぽを持って、いわばカツオを逆立ちさせ、ストンと骨に沿って包丁を落とす、というのが私流。女でも造作なくできるやり方だが、颯爽とした男魚のカツオに立ち向かうにはやわな気がして、ちょっぴり恥じるものがあった。

　しかし、江戸時代に諸国の名産を紹介した『日本山海名産図会』を開き、快哉をさけぶこととなった。鰹節づくりの様子が描いてあり、屈強の男どもが、私と同じ方法でカツオをおろしているのだ。その名も下げ切りとやら。「手練甚だ早し」とあるから、大量のカツオをスピーディにさばく職人手法であったらしい。フフッ、私流、そここイケテル!?のかも、なんて。

この本で、もう一つ閃いたことがある。「カツオのたたき」についてだ。

語源については、炙る前に塩をつけて包丁でたたくから、とか、タレをたたくようにしてなじませるから、と広く言われており、なるほどな、と思う。

不思議に思うのは、なぜ「炙る」のか、ということだ。カツオのたたきは、土佐作りの別名を持つ高知県のご当地料理。目の前を流れる黒潮にのった活きのいいカツオを、藁の火で炙る、というのがポイントである。江戸はもっぱら刺し身で食べた。紀州には、これまた刺し身を飯に混ぜこんだ漁師料理「手こねずし」がある。どうして土佐では、わざわざ炙るというプロセスを取り入れたのだろう。

広くいわれているのは、土佐藩主山内一豊が食中毒防止のために、刺し身を食べることを禁じたので、表面だけ炙って食べた、というものだ。しかし、私は、あの『日本山海名産図会』を睨み、こんなふうに推理してみた。

鰹節は、四つに割ったカツオを蒸して乾燥させるというのがおおまかな工程だが、当時のことで、乾燥は天日干しである。雨が降れば、「藁火をもって乾燥させる」とあった。

そう、この薫火。あの屈強の下げ切り男衆のだれかが、親方の目を盗み、おろしたカツオを藁火で燃やして食べたのだ、きっと。昇りのカツオは、脂は少ないが、皮をつけたまま加熱すると、皮の下にうっすらついた脂が溶けて身になじみ、うまい。こりゃ、いい味だ、と目尻を下げる屈強下げ切り男衆。カツオのたたきは、いわば遠い昔の鰹節工場から自然発生したのではないか。藁火と生のカツオを結びつけるなんて、町場で暮らしていては思いつかない。

ところで私のカツオのたたきは、藁火で炙ることは不可能なので、フライパンで、レアのステーキよろしくコロコロ転がしながら焼いてつくる。

ここでまた私、ひっかかる。

料理研究家の故志の島忠さんによると、カツオのたたきは、明治初年に土佐に滞在したフランス人が、自国の食習慣に沿ってカツオをステーキ状にして食べたことに由来する、というのである。たしかに進取の気性に富んだ土佐っぽなら、彼らのやり方を真似たかもしれない。レアステーキか……。それもあり得るなぁ。フライパンでのたたきも、けっこうおいしいし。タレをカツオにたたきつけながら、心は千々に乱れるのである。

もっとも親しいカレ(イ)は、おちょぼ口

河岸の新人君時代、カレイには戸惑った。こんなにも種類があるとは。そのすべてを「カレイ」のひとことでかたづけてきたのだから。

「ホラ、眼と眼の間を触って。突起があって触ると痛い。だからメイタガレイ」と、先輩の教えにしたがって、触っちゃ覚え、のくりかえしだった。

それにしても、眼の間を触って痛いからメイタガレイ。ずいぶんとお気楽な命名法だが、実はやたらそんなのが多いのだ、カレイの世界って。

たとえば体側にゴツゴツと小石の固まりみたいなものがくっついているのはイシガレイ。ヤナギムシガレイは、柳の葉のようにヒラリと薄く細長い。ナメタガレイは、なめ散らかしたみたいに表面がヌルヌル。ヒレに黒っぽい斑点が並んでいるのがホシガレイ。と、ざっとそんなふう。

メイタガレイは煮つけがうまく、イシガレイはだんぜん刺し身、ヤナギムシガレイは、ひと塩して一晩干して焼き物に。ナメタガレイは煮つけ。ホシガレイは、セリにかかると2万、3万の値がつくこともある超高級魚。高級料亭やすし屋御用達のセレ

ブなカレイである。

こうして見た目も味も、価格も、千変万化のカレイだが、市場での日々、もっとも親しくしているのはマコガレイだ。おちょぼ口。犬の鼻づらをなでるように、眼と眼の間に触れるとウロコがあるのが特徴だ。そっくりさんにマガレイというのがあるが、違いはこの部分のウロコで、マガレイにはない。

親しくしてきた理由は、築地市場で重要な魚であることが大きい。「白身は、冬はヒラメで夏はマコ」と、江戸前のすし屋さんの伝統にあるように、東京湾で今でも揚がり、江戸前を張れる数少ない魚のひとつなのである。

江戸前モノが入荷するのは、春から。江戸から明治にかけて、品川での磯遊びを描いた風俗画では、砂浜でカレイを手づかみする姿がお決まりのように見られるが、出回る季節はそれと重なることになる。

そんな絵をいくつも見てきたせいか、福島県や茨城県から活魚の上モノが入ってきても、なぜか江戸前モノに肩入れしてしまう。もっともそれも道理で、たとえちっこい惣菜用でも、江戸前モノは不思議と身が厚い。薄っぺらなカレイでも、やはり身の厚さは選ぶおりの大きなポイントとなるわけで。

そして、イシガレイのように際だった磯臭さもなく、ホシガレイのように手が出せない価格でもない。味はまろやかで、食べやすい。刺し身、煮る、揚げる、焼くといろいろなおかずにオールマイティ。使いやすいのである。

煮つけ、かな。マコガレイでだれもが思い浮かべる料理は。しかし、汗ばむ陽気に、煮つけはちょっと敬遠したい気分。やや水っぽい身質なので、油を使ったほうがおいしいように思う。一番のお気に入りは、香草を使ったムニエルだ。皮はカリッと焼く。ほぐした身はホクホクであくまで白い。うまみも意外にしっかりしている。そして、そこにほのかに香草が香る。夏間近の夕べ、冷たい白ワインでも友にすれば、カレイ一尾で、たわいもなく幸せな気分になってしまえる。

おわりに

漁港を訪ね、築地市場の仲卸で働いていると言うと、漁師さんたちのカラカイ半分、でも中身はキツイ言葉がたまに飛んでくる。

「おれらの獲った魚が詰まった箱、右から左に流しては儲けてるヤツ」

「中間マージンだけでいい思いしてるヤツ」と、まるで悪徳業者みたいな言われ方だ。

そんなおり、つくづく思う。仲卸って理解されにくい職業なんだと。

大手のあるスーパーが、市場を通さずに、漁港から直接魚を買って販売したことが、ニュースになった。こうした場合、町を行き交う消費者の声が流されるのだが、「中間を省けば、それだけコストが安くなるわけで、大歓迎」というのが大半だ。

たしかに、流通はシンプルなほど、経費は節減できる。

私も築地に足を踏み入れた当初、市場内の魚の流れにふたつのクッションがあることに、疑問を感じていた。水産でいえば、卸7社があって、数百軒の仲卸があって。どっちかひとつでいいんじゃないかと。

どちらも必要だと痛感したのは、セリ場を初めて回ったときだ。

白い城壁のように連なる魚の入った発泡スチロール箱。活魚の集まる場には数百の水槽で魚が水音をたて、別の場では数百頭のマグロが整列し、2階の奥の部屋にはウニの小箱が重なりあう。さらに別棟では、塩干物が数と種類を競い合っている。東京という巨大な胃袋のためにここには、日ごと2000トンもの魚が並ぶのだ。

このように産地からの委託を受けて、セリ場へ魚を用意するのが卸会社の仕事である。もしこの場へ、すし屋の親方がアジ2キロを買いにきたとしたら。そこに待つのはトン単位のアジだ。産地はざっと20カ所。価格は2000円ほどの値幅で十数段階。サイズは60～300グラムまで各種。山積みされた無表情な箱から、一発命中で好みのアジを手に入れるのは、奇跡に近い。

魚屋さん、スーパー、給食センターもろもろ、またしかり。それぞれが業種にあった必要な量と種類を、一日が始まる前の短い時間で得るには、さらに細分化された売り場が必要となる。

それが仲卸の売り場。卸会社から、セリや相対で購入、販売している。多様な業種に対応できるように、各店舗の性格はさまざま。ここならすし屋の親方も使えそうな魚が容易に見つかるし、配達もあれば、魚をおろすといったサービスまで受けられる。

巨大な消費地を背景にした築地には、集荷、分荷とふたつのシステムが必要なのだ。そして、この過程で、実はもっと違う大きな作用が働いている。建値の形成である。工業製品と違って、魚に値段をつけるのはむずかしい。勝手につけていては、それこそ天井知らずの魚価になる恐れだってある。

築地市場は、日本一の魚の品評会場、優劣を競う場といえる。魚は卸、仲卸間で、セリや相対で売り買いされることで、優劣が鮮明となり、相場が生まれる。この築地相場をなす魚の量は群を抜くだけに、魚価を考えるベースとなる。市場流通が崩壊すれば指標を失い、やがては魚価の混乱をまねくことになるだろう。仲卸は、こうして価格形成システムの一端をも担っているのだ。

築地市場の表現として、「目利き」という言葉がよく使われるが、もっとも大切な目は、だれもが納得できる相場をつけられる眼力。これこそが築地市場の原動力であり、存在理由なのだと思う。

ひらたく言えば、おいしい魚を見分ける目。だから、仲卸で働く者は、誰もが自分で選んだ魚を褒められることを最上の喜びとしている。「あの魚、よかったよ」と、そのひとことが聞きたくて、眠い目をこすりながら、夜明け前から働いているのだ。改めて仲間を見るとき、まっさきに思うのはこのことだ。

福地享子（ふくち・きょうこ）
宮崎県生まれ。婦人画報社の編集者を経てフリーランスに。1998年、築地市場の水産仲卸「濱長」のチラシづくりを頼まれたことをきっかけに同店で働き始める。2010年から築地市場の文化団体「NPO法人築地魚市場銀鱗会」の事務局長。著書に『あいうえ築地の河岸ことば』（世界文化社）、『築地市場クロニクル1603-2016』（朝日新聞出版）、『築地魚河岸　寿司ダネ手帖』（世界文化社）、編著に『向田邦子の手料理』（講談社）などがある。

写真／古市和義、大泉省吾、矢幡英文、浜村多恵、著者

本書のプロフィール

本書は、二〇〇九年一二月にプレジデント社より単行本として刊行された『築地めし』を加筆・再編集して文庫化したものです。

文庫化にあたって、月刊誌「ｄａｎｃｙｕ」の連載「築地直送！　今月の旬＆市場の日常おかず」「築地、旬ばなし」（２００９年～２０１６年連載分）の記事から抜粋、加筆・修正を加え、新たに追加しました。

小学館文庫プレジデントセレクト

築地《つきじ》めし

魚河岸《うおがし》のプロが教《おし》える簡単《かんたん》でウマい魚料理《さかなりょうり》

著者　福地《ふくち》享子《きょうこ》

二〇一七年五月十四日　初版第一刷発行

発行人　菅原朝也
発行所　株式会社　小学館
〒一〇一-八〇〇一
東京都千代田区一ッ橋二-三-一
電話　販売〇三-五二八一-三五五五
編集（プレジデント社）
〇三-三二三七-三七三二
印刷所――――凸版印刷株式会社

この文庫の詳しい内容はインターネットで24時間ご覧になれます。
小学館公式ホームページ　http://www.shogakukan.co.jp

ISBN978-4-09-470018-3